U0462432

妇女权益保障法

实用问答

中国法制出版社

目　录

第一部分　妇女权益保障法问答

3

第二部分　案　例

附　录

第一部分　妇女权益保障法问答

1　妇女权益保障法的立法目的是什么？

答：妇女权益保障法第一条规定："为了保障妇女的合法权益，促进男女平等和妇女全面发展，充分发挥妇女在全面建设社会主义现代化国家中的作用，弘扬社会主义核心价值观，根据宪法，制定本法。"

2　妇女权益保障法的基本原则是什么？

答：妇女权益保障法的基本原则在第二条中作了明确规定，即"男女平等是国家的基本国策。妇女在政治的、经济的、文化的、社会的和家庭的生活等各方面享有同男子平等的权利。国家采取必要措施，促进男女平等，消除对妇女一切形式的歧视，禁止排斥、限制妇女依法享有和行使各项权益。国家保护妇女依法享有的特殊权益"。

3　为什么要坚持党对妇女权益保障工作的领导？

答：坚持中国共产党的领导，是做好妇女事业的核心和关键。在革命、建设、改革各个历史时期，我们党始终坚持把实现妇女解放和发展、实现男女平等写在自己奋斗的旗帜上，始终把广大妇女作为推动党和人民事业发展的重要力量，始终把妇女工作放在重要位置，领导广大妇女在争取民族独立和人民解放的伟大征程中实现自我解放，在社会主义革命和建设的伟大实践中实现全面发展，我国妇女运动取得历史性成就，开辟中国特色社会主义妇女发展道路。在党的领导下，我国妇女社会地位得到历史性的根本改变，广大妇女真正成为国家和社会的主人。

历史事实证明，中国共产党是中国妇女事业发展的根本领导力量，坚持党的领导是做好妇女权益保障工作的根本保证。这次修法，旗帜鲜明地规定坚持中国共产党对妇女权益保障工作的领导，既是对历史成功经验的高度总结，也是今后更好地开展妇女权益保障工作的根本保证，确保新时代妇女权益保障事业始终坚持正确政治方向。

4 保障妇女权益的工作机制是什么？

答：在党的领导下，妇女权益保障工作需要各方面共同努力，推动建立集中统一、运行高效的妇女权益保障工作机制。

一是政府主导。做好妇女权益保障工作是各级人民政府的重要职责，需要政府部门牵头制定保障规划方案，组织落实相关制度措施。

二是各方协同。妇女权益保障工作内容多、任务重，涉及部门多、范围广。做好妇女权益保障工作，需要有关方面在各自职责范围内履职尽责，在具体工作中相互支持、彼此配合、鼎力协作，共同努力推进妇女权益保障工作。

三是社会参与。做好妇女权益保障工作，除要求政府及其有关部门应当履职尽责外，更需要来自企业事业单位、社会组织、个人等社会力量的积极参与、共同发力，从"身边事、身边人""点滴事、平凡人"等方面随时随地开展相关工作，推动形成人人关心、人人参与做好妇女权益保障的浓厚社会氛围。

5 县级以上人民政府负责妇女儿童工作的机构是指什么？

答："负责妇女儿童工作的机构"是指妇女儿童工作委员会（简称妇儿工委），是县级以上人民政府负责妇女儿童工作的协调、议事机构，其办事机构通常设在同级妇女联合会。

妇儿工委负责组织、协调、指导、督促有关部门做好妇女权益的保障工作。具体而言，包括组织宣传有关保障妇女权益的法律、法规和政策，监督检查实施情况；组织实施妇女发展规划及妇女权益保障工作计划；调查研究本行政区域涉及妇女权益的突出问题，向有关机关提出意见、建议；接受群众对侵害妇女权益行为的投诉、举报，交有关部门查处，为受害妇女提供法律援助；协调、督促有关部门及时查处侵害妇女权益的重大、典型案件；总结推广保障妇女权益工作的先进经验，表彰和奖励在保障妇女权益工作中作出显著贡献的单位和个人；其他与妇女权益保障相关工作等。

6   如何制定、实施妇女发展纲要?

答:妇女权益保障法第五条第一款、第二款规定:"国务院制定和组织实施中国妇女发展纲要,将其纳入国民经济和社会发展规划,保障和促进妇女在各领域的全面发展。县级以上地方各级人民政府根据中国妇女发展纲要,制定和组织实施本行政区域的妇女发展规划,将其纳入国民经济和社会发展规划。"

制定和组织实施中国妇女发展纲要,是国务院的法定职责。通过纲要的方式,系统规定未来一段时间妇女发展的重要目标和核心内容,促进实现妇女权益保障的长期性、稳定性和连续性。

国务院制定的中国妇女发展纲要,需要县级以上地方各级人民政府结合本行政区域的具体实际情况,明确当地妇女发展领域、主要目标和策略措施,通过任务层层分解,确保纲要各项目标得到贯彻落实。对此,2021年国务院颁布的《中国妇女发展纲要(2021—2030年)》明确提出,要制定地方妇女发展规划和部门实施方案。省级人民政府依据本纲要,结合实际制定本级妇女发展规划。市、县级人民政府依据本纲要以及上一级妇女发展规划,结合实际制定本级妇女发展规划。省、市、县级规划颁布后1个月内报送上一级妇儿工委办公室。中央及地方承担纲要(规划)目标任务的有关部门、相关机构和人民团体结合职责,按照任务分工,制定实施方案并报送同级妇儿工委办公室。

7 妇女权益保障的经费如何得到保障？

答：妇女权益保障法第五条第三款规定："县级以上人民政府应当将妇女权益保障所需经费列入本级预算。"

妇女权益保障是各级政府的重要职责，将相关经费列入本级预算，是组织实施妇女发展纲要及相关规划的基础。将妇女权益保障经费列入地方预算，一方面能够保障所需资金来源的稳定性和持续性，确保妇女权益保障各项工作顺利开展；另一方面，要强化相关预算约束，加强预算管理和监督。

8 各级妇女联合会以及有关群团组织在保障妇女权益方面的职责是什么？

答：妇女权益保障法第六条规定："中华全国妇女联合会和地方各级妇女联合会依照法律和中华全国妇女联合会章程，代表和维护各族各界妇女的利益，做好维护妇女权益、促进男女平等和妇女全面发展的工作。工会、共产主义青年团、残疾人联合会等群团组织应当在各自的工作范围内，做好维护妇女权益的工作。"

中华全国妇女联合会成立于1949年4月3日，是全国各族各界妇女为争取进一步解放与发展而联合起来的群团组织，是中国共产党领导下的人民团体，是党和政府联系妇女群众的桥梁和纽带，是国家政权的重要社会支柱。妇女联合会实行全国组织、地方组织、基层组织和团体会员相结合的组织制度。

9 妇女有哪些义务？

答：妇女权益保障法第七条规定："国家鼓励妇女自尊、自信、自立、自强，运用法律维护自身合法权益。妇女应当遵守国家法律，尊重社会公德、职业道德和家庭美德，履行法律所规定的义务。"

（1）国家鼓励妇女依法维护自身合法权益

自尊即自我尊重，指既不向别人卑躬屈膝，也不允许别人歧视侮辱，是一种健康良好的心理状态；自信，是指相信自己有相应的能力和实力，能够干出一番事业，实现理想价值；自立，是指自己的事情自己做，不依靠或者依附于别人，靠自己的劳动和本事生存生活；自强，指自己努力向上，自我勉励、奋发图强，不断提升和完善自己。随着社会的发展，妇女逐渐摆脱对男性的依赖，成为与男性平等的社会主体，"自尊、自信、自立、自强"成为现代女性的特征。

（2）妇女应当履行法律所规定的义务

遵守国家法律规定是全民守法的重要内容，也是每位公民的基本义务和社会责任。广大妇女作为社会主义事业的建设者和参与者，同样应当自觉遵守国家法律，履行法律所规定的义务，将法律规定要求转化为自觉行为，促进法律贯彻落实。除国家法律规定外，妇女还应当尊重社会公德、职业道德和家庭美德，自觉践行相关要求，树立社会典范，以实际行动为家庭幸福和社会发展作出更大贡献。

10 制定或者修改涉及妇女权益的法律、法规、规章和其他规范性文件时，应如何保障妇女权益？

答：妇女权益保障法第八条规定："有关机关制定或者修改涉及妇女权益的法律、法规、规章和其他规范性文件，应当听取妇女联合会的意见，充分考虑妇女的特殊权益，必要时开展男女平等评估。"

（1）制定有关法律政策时应当听取妇女联合会的意见

有关机关制定或者修改相关法律政策时，都要充分考虑妇女的特殊权益；法律政策的范围包括全国人大及其常委会制定的法律、国务院制定的行政法规、有立法权的地方制定的地方性法规、国务院部门和地方政府制定的规章以及其他有权机关制定的规范性文件。

（2）必要时开展男女平等评估

男女平等评估，有的称为"法律政策性别平等评估"，通常是指有关机关按照男女平等的价值观念以及一定的技术标准，对法律政策的实施情况及效果进行评估，进而为法律政策在制定及实施过程中做出必要调整提供参考。男女平等评估制度是在法律政策的制定和实施中贯彻落实男女平等基本国策的有效策略和制度保障。

11 为什么要建立妇女发展状况统计调查制度？

答：妇女权益保障法第九条规定："国家建立健全妇女发展状况统计调查制度，完善性别统计监测指标体系，定期开展妇女发展状况和权益保障统计调查和分析，发布有关信息。"

在妇女权益保障领域，建立妇女发展状况统计调查制度十分必要。通过妇女发展状态统计调查制度，获取妇女权益保障相关基础数据，可以较为全面准确地掌握我国妇女事业发展的总体情况，了解妇女权益保障取得的进步和成就以及存在的短板和缺陷，这对于国家采取有针对性的措施、切实改进工作具有重要意义。

12 如何进行男女平等基本国策的宣传教育？

答：妇女权益保障法第十条规定："国家将男女平等基本国策纳入国民教育体系，开展宣传教育，增强全社会的男女平等意识，培育尊重和关爱妇女的社会风尚。"

《中国妇女发展纲要（2021—2030年）》就"提升全社会的性别平等意识，推进男女平等基本国策宣传教育"这一目标，提出有关制度措施，开展以男女平等为核心的先进性别文化宣传教育，将构建先进性别文化纳入繁荣社会主义先进文化制度体系。具体包括：大力宣传新时代妇女在社会生活和家庭生活中的独特作用，宣传优秀妇女典型和性别平等优秀案例。推动各级干部学习习近平总书记关于妇女和妇女工作的重要论述以及马克思主义妇女观、男女平等基本国策。在机关、学校、企业、城乡社区、家庭以多种形式开展男女平等基本国策宣传教育，让性别平等成为全社会共同遵循的行为规范和价值标准。

13 妇女是否有与男子平等的政治权利？

答：妇女权益保障法第十二条规定："国家保障妇女享有与男子平等的政治权利。"

男女平等包括男女在政治地位和权利方面的平等，是我国长期奉行的基本国策，也是宪法明确保障的公民基本权利内容。我国公民的政治权利包括以下方面：（1）选举权和被选举权。这项政治权利是政治参与的主要表现形式。（2）享有言论、出版、集会、结社、游行、示威自由的权利。这些自由是公民行使政治权利的形式和保障。（3）担任国家机关职务以及企业、事业单位和人民团体领导职务的权利。这是公民直接参与国家管理，参与经济、文化和社会事务管理，实现其政治权利的重要途径。（4）对国家机关和国家工作人员的监督权，包括对其选举的国家工作人员的罢免权，以及对国家机关和国家工作人员的批评和建议权。（5）对国家政治活动的知情权等。

14 妇女实现政治权利的途径和形式有哪些？

答：妇女权益保障法第十三条第一款规定："妇女有权通过各种途径和形式，依法参与管理国家事务、管理经济和文化事业、管理社会事务。"

妇女实现政治权利的途径和形式，总体上可分为两个层面：一是依据法律规定，妇女通过行使选举权选举代表组成各级人民代表大会，间接行使管理国家事务等政治权利。二是依照法律规定，通过各种途径和形式直接行使管理国家事务等政治权利。如：妇女有被选举权，通过成为各级人民代表大会或者各级国家机关组成人员的方式，直接行使政治权利；可以通过成立妇女组织或者参加基层自治组织以及妇联、工会、共青团等组织，行使监督权、建议权、知情权等方式，实现参与管理国家事务、管理经济和文化事业、管理社会事务等政治权利。妇女无论通过何种途径和形式实现政治权利，均需符合有关法律法规的规定。

15 妇女和妇女组织是否有权对妇女权益保障方面提出意见和建议？

答： 妇女权益保障法第十三条第二款规定："妇女和妇女组织有权向各级国家机关提出妇女权益保障方面的意见和建议。"《中华人民共和国宪法》第四十一条规定，中华人民共和国公民对于任何国家机关和国家工作人员，有提出批评和建议的权利。国家机关包括各级立法机关、行政机关、司法机关、监察机关、军队机关等。广大妇女作为中华人民共和国公民，同样有权向各级国家机关提出各种意见和建议，包括妇女权益保障方面的意见和建议。妇女联合会、工会组织中的女职工委员会等妇女组织，作为代表和维护妇女权益的组织，是收集、整理和传递广大妇女意见和建议的重要主体，也有权向国家机关提出妇女权益保障方面的意见和建议。对有关保障妇女权益的合理意见和建议，有关国家机关应当充分听取和积极采纳。

16 如何保障妇女的选举权和被选举权？

答：妇女权益保障法第十四条规定："妇女享有与男子平等的选举权和被选举权。全国人民代表大会和地方各级人民代表大会的代表中，应当保证有适当数量的妇女代表。国家采取措施，逐步提高全国人民代表大会和地方各级人民代表大会的妇女代表的比例。居民委员会、村民委员会成员中，应当保证有适当数量的妇女成员。"

（1）妇女享有与男子平等的选举权和被选举权

妇女享有与男子平等的选举权和被选举权，可以从以下两个方面理解：一是妇女和男子同样有选举权和被选举权。根据《中华人民共和国全国人民代表大会和地方各级人民代表大会选举法》第四条的规定，中华人民共和国年满十八周岁的公民，不分性别地都有选举权和被选举权。公民是否拥有选举权和被选举权，与其性别因素无关。二是妇女和男子行使选举权和被选举权，遵守同样的选举规则，并不因公民性别因素进行区分对待。

（2）提高妇女在全国人民代表大会和地方各级人民代表大会代表中所占比例

《中国妇女发展纲要（2021—2030）》提出要提高人大女代表、政协女委员比例。落实人大代表选举规则和程序，在选区划分、代表名额分配、候选人推荐、选举等环节，保障妇女享有平等的权利和机会；重视从基层、生产一线推荐人大代表女性候选人，候选人中应当有适当数量的妇女代表，并逐步提高妇女代表的比例。提名推荐、协商确定政协委员建议名单时，保障提名一定比例的妇女；充分发挥人大女代表、政协女委员在发展社会主义民主政治和男女平等事业中的积极作用。

（3）妇女在居民委员会、村民委员会成员中占适当名额

妇女成为居民委员会和村民委员会成员，是妇女参与城市居民、农村居民进行自我管理、自我教育、自我服务的重要途径，是保障实现妇女政治权利的重要形式。

17 如何重视对女干部和女性人才的培养？

答：妇女权益保障法第十五条规定："国家积极培养和选拔女干部，重视培养和选拔少数民族女干部。国家机关、群团组织、企业事业单位培养、选拔和任用干部，应当坚持男女平等的原则，并有适当数量的妇女担任领导成员。妇女联合会及其团体会员，可以向国家机关、群团组织、企业事业单位推荐女干部。国家采取措施支持女性人才成长。"

18 妇女联合会代表妇女参与国家和社会事务的民主协商、民主决策、民主管理和民主监督，主要体现在哪些方面？

答：妇女联合会代表妇女参与国家和社会事务的民主协商、民主决策、民主管理和民主监督，体现在多个方面。例如：（1）推荐女性人大代表候选人，向国家机关推荐女干部。（2）向有关机关提出关于完善相关法律、法规等的意

见，向各级国家机关提出妇女权益保障方面的意见和建议。有关机关制定或者修改涉及妇女权益的法律、法规、规章和其他规范性文件，应当听取妇女联合会的意见。（3）妇女的合法权益受到侵害的，妇女联合会等妇女组织应当维护被侵害妇女的合法权益，有权要求并协助有关部门或者单位查处。有关部门或者单位不予处理或者处理不当的，妇女联合会可以向其提出督促处理意见，必要时可以提请同级人民政府开展督查。对于用人单位侵害妇女劳动和社会保障权益的行为，妇女联合会可以参加人力资源和社会保障部门组织的对用人单位的联合约谈，依法进行监督并要求用人单位限期纠正。

19 对有关妇女权益保障工作的批评或者建议，申诉、控告和检举，有关部门应如何处理？

答：妇女权益保障法第十七条规定："对于有关妇女权益保障工作的批评或者合理可行的建议，有关部门应当听取和采纳；对于有关侵害妇女权益的申诉、控告和检举，有关部门应当查清事实，负责处理，任何组织和个人不得压制或者打击报复。"

20 国家如何保障妇女与男子享有平等的人身和人格权益？

答：妇女能否真正享有与男子平等的人身和人格权益，既取决于妇女自身主动维权，更取决于国家的保障义务。男女平等是国家的基本国策，国家有责任有义务采取有效措施，促进男女平等，消除一切形式的歧视，为妇女依法享有和保护自己的人格权益提供必要的条件；禁止排斥、限制妇女依法享有和行使人身和人格权益；保护妇女依法享有的人身和人格权益。国家的这种保障义务是全方位的，体现在工作机制和基本制度、立法、执法、司法、普法等各个方面。也就是说，国家应当采取立法、执法、司法、普法等各种方式确保妇女与男子享有真正平等的人身和人格权益。

21 如何保障妇女的人身自由？

答：妇女权益保障法第十九条规定："妇女的人身自由不受侵犯。禁止非法拘禁和以其他非法手段剥夺或者限制妇女的人身自由；禁止非法搜查妇女的身体。"

22 如何保护妇女的人格尊严？

答：妇女权益保障法第二十条规定："妇女的人格尊严不受侵犯。禁止用侮辱、诽谤等方式损害妇女的人格尊严。"

本条规定的"侮辱"行为是指公然以暴力、谩骂等方式贬损妇女名誉的行为。侮辱行为既包括行为方式，也包括语言方式，还包括文字方式。本条规定的"诽谤"行为是指以散布捏造或者夸大的事实故意损害妇女名誉的行为。这里需要强调的是，本条所规定的"侮辱、诽谤"只是两种过错程度较为严重和典型的损害妇女人格尊严的行为，实践中，损害妇女人格尊严的行为远不只这两种方式。例如媒体通过夸大事实、过度渲染等方式报道涉及妇女事件的，有可能损害妇女的人格尊严；还例如，未经妇女本人同意，通过广告、商标、音像制品、网络等形式使用妇女肖像的，也有可能损害妇女的人格尊严。所以，为了更周延地保护妇女的人格尊严，本条在"侮辱、诽谤"后特地规定了"等方式"，避免了列举的挂一漏万。

23 如何保障妇女的生命权、身体权、健康权？

答：妇女权益保障法第二十一条规定："妇女的生命权、身体权、健康权不受侵犯。禁止虐待、遗弃、残害、买卖以及其他侵害女性生命健康权益的行为。禁止进行非医学需要的胎儿性别鉴定和选择性别的人工终止妊娠。医疗机构施行生育手术、特殊检查或者特殊治疗时，应当征得妇女本人同意；在妇女与其家属或者关系人意见不一致时，应当尊重妇女本人意愿。"

24 妇女权益保障法对拐卖、绑架妇女等行为是如何规定的？

答：妇女权益保障法第二十二条规定："禁止拐卖、绑架妇女；禁止收买被拐卖、绑架的妇女；禁止阻碍解救被拐卖、绑架的妇女。各级人民政府和公安、民政、人力资源和社会保障、卫生健康等部门及村民委员会、居民委员会按照各自的职责及时发现报告，并采取措施解救被拐卖、绑架的妇女，做好被解救妇女的安置、救助和关爱等工作。妇女联合会协助和配合做好有关工作。任何组织和个人不得歧视被拐卖、绑架的妇女。"

25 妇女在遭遇性骚扰时有哪些救济措施？

答：妇女权益保障法第二十三条规定："禁止违背妇女意愿，以言语、文字、图像、肢体行为等方式对其实施性骚扰。受害妇女可以向有关单位和国家机关投诉。接到投诉的有关单位和国家机关应当及时处理，并书面告知处理结果。受害妇女可以向公安机关报案，也可以向人民法院提起民事诉讼，依法请求行为人承担民事责任。"

在第二款规定中，有关单位主要包括遭受性骚扰的妇女所在的工作单位、学校等。国家机关主要是指对发生性骚扰的用人单位、学校存在监督管理职责的国家机关，例如对于发生在学校的性骚扰行为，教育行政部门承担相应的监督管理职责。接到投诉的有关单位和国家机关应当及时处理，并书面告知处理结果。"及时处理"强调处理投诉的时效性，不能久拖不决；"书面告知处理结果"强调处理投诉的严肃性，不能敷衍了事。根据第三款的规定，受害妇女可以向公安机关报案，也可以向人民法院提起民事诉讼。这里"受害妇女"所处的场景除了职场、校园外，还包括更大范围的一般社会场景，例如商场、公共交通工具等。受害妇女向公安机关报案，公安机关应当及时调查处置，对于构成治安管理处罚的，应当对实施性骚扰的行为人依法予以处罚。除了向公安机关报案，受害妇女还可以向人民法院提起民事诉讼。

26 学校在对防治女学生遭受性侵害、性骚扰方面应承担哪些责任？

答：妇女权益保障法第二十四条规定："学校应当根据女学生的年龄阶段，进行生理卫生、心理健康和自我保护教育，在教育、管理、设施等方面采取措施，提高其防范性侵害、性骚扰的自我保护意识和能力，保障女学生的人身安全和身心健康发展。学校应当建立有效预防和科学处置性侵害、性骚扰的工作制度。对性侵害、性骚扰女学生的违法犯罪行为，学校不得隐瞒，应当及时通知受害未成年女学生的父母或者其他监护人，向公安机关、教育行政部门报告，并配合相关部门依法处理。对遭受性侵害、性骚扰的女学生，学校、公安机关、教育行政部门等相关单位和人员应当保护其隐私和个人信息，并提供必要的保护措施。"

27 用人单位应当采取什么措施预防和制止对妇女的性骚扰？

答：妇女权益保障法第二十五条规定："用人单位应当采取下列措施预防和制止对妇女的性骚扰：（一）制定禁止性骚扰的规章制度；（二）明确负责机构或者人员；（三）开展预防和制止性骚扰的教育培训活动；（四）采取必要的安全

保卫措施；（五）设置投诉电话、信箱等，畅通投诉渠道；（六）建立和完善调查处置程序，及时处置纠纷并保护当事人隐私和个人信息；（七）支持、协助受害妇女依法维权，必要时为受害妇女提供心理疏导；（八）其他合理的预防和制止性骚扰措施。"

28 住宿经营者对妇女应承担哪些安全保障义务？

答：妇女权益保障法第二十六条规定："住宿经营者应当及时准确登记住宿人员信息，健全住宿服务规章制度，加强安全保障措施；发现可能侵害妇女权益的违法犯罪行为，应当及时向公安机关报告。"

这里的"发现"，既包括住宿经营者在接待妇女入住时发现，也包括妇女入住后，住宿经营者在进行安全巡查时发现。"报告"的情况既包括已经发生的侵害妇女合法权益的违法犯罪行为，也包括可能侵害妇女权益的违法犯罪行为。

29 法律禁止妇女及利用妇女进行哪些色情活动？

答：妇女权益保障法第二十七条规定："禁止卖淫、嫖娼；禁止组织、强迫、引诱、容留、介绍妇女卖淫或者对妇女进行猥亵活动；禁止组织、强迫、引诱、容留、介绍妇女在任何场所或者利用网络进行淫秽表演活动。"

卖淫是指行为人通过与他人进行不正当的性行为换取金钱、实物等利益的行为。嫖娼是指以付出金钱、实物为代价有偿与他人进行性行为的活动。卖淫、嫖娼既有违社会公德，也违反法律规定。组织妇女卖淫是指通过纠集、控制妇女进行卖淫，或者以雇佣、招募、容留等手段，组织、诱骗妇女卖淫，从中牟利的行为。强迫妇女卖淫是指采取暴力、威胁或者其他手段，违背妇女意愿，迫使妇女进行卖淫的行为。引诱妇女卖淫是指以金钱诱惑、许诺好处或者宣扬腐朽生活方式等手段，诱导妇女进行卖淫。容留妇女卖淫是指为妇女卖淫提供场所，使得卖淫活动得以进行的行为。介绍妇女卖淫是指为卖淫者与嫖娼者寻找对象，并在他们中间牵线搭桥的行为。猥亵妇女，是指违背妇女的意愿，采取暴力、胁迫或者其他方法，强制以脱光衣服、抠摸等淫秽下流的手段侵害妇女的行为。淫秽表演是指包含性行为或者露骨宣扬色情的淫秽表演，例如进行裸体表演或者性器官表演等。组织淫秽表演中的组织行为，包括策划表演安排、纠集或者雇佣表演人员、寻找、租用表演场地、招揽观众等行为。淫秽表演既包括组织公开的淫秽表演，也包括组织针对部分人的淫秽表演。

30 妇女的人格权益是否受到法律保护？

答： 妇女权益保障法第二十八条规定："妇女的姓名权、肖像权、名誉权、荣誉权、隐私权和个人信息等人格权益受法律保护。媒体报道涉及妇女事件应当客观、适度，不得通过夸大事实、过度渲染等方式侵害妇女的人格权益。禁止通过大众传播媒介或者其他方式贬低损害妇女人格。未经本人同意，不得通过广告、商标、展览橱窗、报纸、期刊、图书、音像制品、电子出版物、网络等形式使用妇女肖像，但法律另有规定的除外。"

31 如何理解妇女权益保障法对人身安全保护令的规定？

答：妇女权益保障法扩大了人身安全保护令的适用范围，对于妇女未与之建立恋爱关系的人以及前夫、前男友，妇女虽不与其共同生活，也可以申请人身安全保护令。此处人身安全保护令的申请和作出程序参照适用《反家庭暴力法》和《最高人民法院关于办理人身安全保护令案件适用法律若干问题的规定》的规定。

（1）关于申请主体和申请方式。受害人有权申请人身安全保护令；受害人是无民事行为能力人、限制民事行为能力人，或者因受到强制、威吓等原因无法申请人身安全保护令的，其近亲属、公安机关、妇女联合会、居民委员会、村民委员会、救助管理机构可以代为申请。当事人因年老、残疾、重病等原因无法申请人身安全保护令，其近亲属、公安机关、民政部门、妇女联合会、居民委员会、村民委员会、残疾人联合会、依法设立的老年人组织、救助管理机构等，根据当事人意愿可以代为申请。申请人身安全保护令应当以书面方式提出；书面申请确有困难的，可以口头申请，由人民法院记入笔录。

（2）作出条件。包括有明确的被申请人，有具体的请求，有遭受家庭暴力或者面临家庭暴力现实危险的情形。

（3）案件管辖、作出期限和方式。人身安全保护令案件由申请人或者被申请人居住地、家庭暴力发生地的基层人民法院管辖。人民法院受理申请后，应当在七十二小时内作出人身安全保护令或者驳回申请；情况紧急的，应当在二十四小时内作出。

（4）作出期限和方式。人身安全保护令由人民法院以裁定形式作出。

（5）具体措施。人身安全保护令可以包括下列措施：禁止被申请人实施家庭暴力；禁止被申请人骚扰、跟踪、接触申请人及其相关近亲属；责令被申请人迁出申请人住所；保护申请人人身安全的其他措施；禁止被申请人以电话、短信、即时通讯工具、电子邮件等方式侮辱、诽谤、威胁申请人及其相关近亲属；禁止被申请人在申请人及其相关近亲属的住所、学校、工作单位等经常出入场所的一定范围内从事可能影响申请人及其相关近亲属正常生活、学习、工作的活动。

（6）有效期限。人身安全保护令的有效期不超过六个月，自作出之日起生效。人身安全保护令失效前，人民法院可以根据申请人的申请撤销、变更或者延长。

（7）对申请人的救济措施。申请人对驳回申请不服或者被申请人对人身安全保护令不服的，可以自裁定生效之日起五日内向作出裁定的人民法院申请复议一次。人民法院依法作出人身安全保护令的，复议期间不停止人身安全保护令的执行。

（8）送达范围。人民法院作出人身安全保护令后，应当送达申请人、被申请人、公安机关以及居民委员会、村民委员会等有关组织。人身安全保护令由人民法院执行，公安机关以及居民委员会、村民委员会等应当协助执行。

（9）违反人身安全保护令的法律责任。被申请人违反人身安全保护令，符合《刑法》第三百一十三条规定的，以拒不执行判决、裁定罪定罪处罚；同时构成其他犯罪的，依照刑法有关规定处理。尚不构成犯罪的，人民法院应当给予训诫，可以根据情节轻重处以一千元以下罚款、十五日以下拘留。

32 国家如何保障妇女健康？

答：妇女权益保障法第三十条规定："国家建立健全妇女健康服务体系，保障妇女享有基本医疗卫生服务，开展妇女常见病、多发病的预防、筛查和诊疗，提高妇女健康水平。国家采取必要措施，开展经期、孕期、产期、哺乳期和更年期的健康知识普及、卫生保健和疾病防治，保障妇女特殊生理时期的健康需求，为有需要的妇女提供心理健康服务支持。"

33 用人单位是否应当定期为女职工安排健康检查？

答：妇女权益保障法第三十一条第三款规定："用人单位应当定期为女职工安排妇科疾病、乳腺疾病检查以及妇女特殊需要的其他健康检查。"

定期为妇女提供健康检查，能够及早发现和及时治疗妇科疾病、乳腺疾病等妇女常见病和多发病，特别是有利于做到宫颈癌和乳腺癌早发现、早诊断、早治疗，降低死亡率，从而保障妇女健康，提高广大妇女的健康水平和生活质量。

34 妇女是否有不生育子女的自由？

答：妇女权益保障法第三十二条规定："妇女依法享有生育子女的权利，也有不生育子女的自由。"

妇女有不生育子女的自由，是指妇女有权选择生育或不生育子女，对于自愿不生育子女的妇女，任何单位或者个人不得予以歧视。

35 国家如何保障妇女生育安全和健康？

答：妇女权益保障法第三十三条规定："国家实行婚前、孕前、孕产期和产后保健制度，逐步建立妇女全生育周期系统保健制度。医疗保健机构应当提供安全、有效的医疗保健服务，保障妇女生育安全和健康。有关部门应当提供安全、有效的避孕药具和技术，保障妇女的健康和安全。"

36 各级人民政府是否应配备满足妇女需要的公共厕所和母婴室等公共设施？

答：妇女权益保障法第三十四条规定："各级人民政府在规划、建设基础设施时，应当考虑妇女的特殊需求，配备满足妇女需要的公共厕所和母婴室等公共设施。"

37　妇女是否享有与男子平等的文化教育权利？

答：妇女权益保障法第三十五条规定："国家保障妇女享有与男子平等的文化教育权利。"

妇女享有与男子平等的文化教育权利主要体现在以下几个方面：一是适龄女性未成年人有接受义务教育的权利，政府、学校应当解决其就学实际困难，保证其完成义务教育；二是妇女在入学、升学、授予学位、派出留学、就业指导和服务等方面享有与男子平等的权利；三是扫除妇女文盲、半文盲；四是妇女有接受终身教育、职业教育和实用技术培训的权利；五是妇女从事科学、技术、文学、艺术和其他文化活动，享有与男子平等的权利。

38　如何保障适龄女性未成年人接受并完成义务教育？

答：妇女权益保障法第三十六条规定："父母或者其他监护人应当履行保障适龄女性未成年人接受并完成义务教育的义务。对无正当理由不送适龄女性未成年人入学的父母或者其他监护人，由当地乡镇人民政府或者县级人民政府教育行政部门给予批评教育，依法责令其限期改正。居民委员会、村民委员会应当协助政府做好相关工作。政府、学校应当采取有效措施，解决适龄女性未成年人就学存在的实际困难，并创造条件，保证适龄女性未成年人完成义务教育。"

我国现阶段义务教育指的是九年制的小学和初中，其中小学一般为六年，初中为三年。与其他教育制度和教育工作相比，义务教育有自己的特征：一是强制性。强制性是义务教育的最典型特征，义务教育是所有儿童、少年必须接受的，国家必须予以保障的教育。二是普及性。即全体适龄儿童、少年，除因身体状况需要延缓入学或者休学的，都必须入学完成规定年限的义务教育。三是公益性。义务教育是国家必须予以保障的公益性事业。实施义务教育，不收学费、杂费。

39 如何保障妇女享有平等的受教育权？

答：妇女权益保障法第三十七条规定："学校和有关部门应当执行国家有关规定，保障妇女在入学、升学、授予学位、派出留学、就业指导和服务等方面享有与男子平等的权利。学校在录取学生时，除国家规定的特殊专业外，不得以性别为由拒绝录取女性或者提高对女性的录取标准。各级人民政府应当采取措施，保障女性平等享有接受中高等教育的权利和机会。"

40 如何开展扫除妇女中的文盲、半文盲的工作？

答：妇女权益保障法第三十八条规定："各级人民政府应当依照规定把扫除妇女中的文盲、半文盲工作，纳入扫盲和扫盲后继续教育规划，采取符合妇女特点的组织形式和工作方法，组织、监督有关部门具体实施。"

41 如何组织妇女进行终身学习？

答：妇女权益保障法第三十九条规定："国家健全全民终身学习体系，为妇女终身学习创造条件。各级人民政府和有关部门应当采取措施，根据城镇和农村妇女的需要，组织妇女接受职业教育和实用技术培训。"

42 如何保障妇女平等地从事文化活动？

答：妇女权益保障法第四十条规定："国家机关、社会团体和企业事业单位应当执行国家有关规定，保障妇女从事科学、技术、文学、艺术和其他文化活动，享有与男子平等的权利。"

43 妇女是否享有与男子平等的劳动权利和社会保障权利？

答：妇女权益保障法第四十一条规定："国家保障妇女享有与男子平等的劳动权利和社会保障权利。"

妇女平等地享有劳动权利的具体内容包括：一是平等就业和选择职业的权利；二是获取劳动报酬的权利；三是休息休假的权利；四是获得劳动安全卫生保障的权利；五是接受职业技术培训的权利；六是享受社会保险和福利的权利；七是依法参加工会、组建工会、民主管理企业等权利；八是提请劳动争议处理以及寻求司法救济的权利；九是法律法规规定的其他劳动权利。

妇女平等地享有社会保障权利的具体内容包括：一是社会保险体系，主要有生育保险、养老保险、医疗保险、失业保险、工伤保险等内容；二是社会救济和社会福利体系，主要有对无劳动能力又无生活来源的妇女发放最低生活标准费、对患病妇女提供基本医疗保障、对未成年女童提供义务教育、对无劳动能力又无生活来源的残疾妇女提供救济和帮助等内容；三是社会优抚安置，如对服现役军人家属提供一定的基本生活物质保障。

44 各级人民政府和有关部门应如何保障妇女就业？

答：妇女权益保障法第四十二条规定："各级人民政府和有关部门应当完善就业保障政策措施，防止和纠正就业性别歧视，为妇女创造公平的就业创业环境，为就业困难的妇女提供必要的扶持和援助。"

45 用人单位在招录（聘）过程中不得实施哪些行为？

答：妇女权益保障法第四十三条规定："用人单位在招录（聘）过程中，除国家另有规定外，不得实施下列行为：（一）限定为男性或者规定男性优先；（二）除个人基本信息外，进一步询问或者调查女性求职者的婚育情况；（三）将妊娠测试作为入职体检项目；（四）将限制结婚、生育或者婚姻、生育状况作为录（聘）用条件；（五）其他以性别为由拒绝录（聘）用妇女或者差别化地提高对妇女录（聘）用标准的行为。"

46 在签订劳动合同和集体合同时对女职工有哪些特殊保护？

答：妇女权益保障法第四十四条规定："用人单位在录（聘）用女职工时，应当依法与其签订劳动（聘用）合同或者服务协议，劳动（聘用）合同或者服务协议中应当具备女职工特殊保护条款，并不得规定限制女职工结婚、生育等内容。职工一方与用人单位订立的集体合同中应当包含男女平等和女职工权益保护相关内容，也可以就相关内容制定专章、附件或者单独订立女职工权益保护专项集体合同。"

女职工权益保护专项集体合同的主要内容应包括：一是女职工的劳动权利。包括劳动就业、同工同酬、休息休假、保险福利待遇等。二是女职工的特殊利益。包括女职工禁忌劳动保护、"四期"保护、妇科疾病普查、生育待遇等。三是女职工的政治、文化、教育、发展权利。包括职业教育、技术培训、晋职晋级、参与企业民主管理等。四是双方认为应当协商的其他内容。例如，女职工权益保护专项集体合同中可以规定进修、培训、出国考察、挂职锻炼时企业必须安排一定比例的女职工参加等，切实维护和保障女职工的合法权益。

47 女职工是否与男职工同工同酬？

答：妇女权益保障法第四十五条规定："实行男女同工同酬。妇女在享受福利待遇方面享有与男子平等的权利。"

贯彻男女同工同酬原则具体有以下三个方面的要求：第一，任何企事业单位、国家机关、社会组织等的任何工作岗位，不论男女，只要付出了同等价值的劳动，就应当领取同等的报酬。第二，不得因女职工怀孕、生育、哺乳等而降低其工资待遇，也不得因为给妇女提供特殊的劳动保护而降低工资标准或减少其劳动报酬。第三，按照男女同工同酬的原则，妇女在享受福利待遇等方面也应当与男子享有平等的权利。

48 在晋升和培训方面是否男女平等？

答：妇女权益保障法第四十六条规定："在晋职、晋级、评聘专业技术职称和职务、培训等方面，应当坚持男女平等的原则，不得歧视妇女。"

在晋职、晋级、评聘专业技术职称和职务等具体方面，应当坚持同一标准，杜绝性别歧视，平等地晋升男女职工的职务和级别，不因性别差异而排斥女职工的晋升，在女性相对集中的用人单位，应当与性别结构比例相适应地晋升女职工的职务；凡达到一定专业技术水平的女职工都应享有与男职工平等地获得相应专业技术职称和职务机会的权利，不得因名额限制等原因减少符合条件的女职工评聘专业技术职称和职务的比例。

49 在用工中，对妇女有哪些特殊的劳动保护？

答：妇女权益保障法第四十七条规定："用人单位应当根据妇女的特点，依法保护妇女在工作和劳动时的安全、健康以及休息的权利。妇女在经期、孕期、产期、哺乳期受特殊保护。"

对妇女实行特殊劳动保护主要是由妇女特殊的身体结构和生理机能所决定的：第一，在身体结构上，女性平均身长、体重、骨骼宽度密度、上下肢长、足长、肌肉分布等均小于男性，而臀宽、腿围则大于男性，特别是皮下脂肪的分布远大于男性，使得女性在体力、耐力、爆发力、肌力、握力等方面均低于男性，而女性血液循环较慢、肺活量较小，机体的负担又大于男性，因此，女性在工作种类、工作强度、休息时间等方面应当有特别的保护措施。第二，在生理机能方面，女性有月经、妊娠、分娩、哺乳和绝经等不同于男性的特殊生理期间，在生理上会出现一系列变化，对作业能力会产生一定的影响，不能从事过重的体力劳动、强度过大的劳动或者在恶劣的环境中工作；而且由于生理机能的变化，女性在特殊生理期间对工业有毒有害物质更为敏感，在某些情况下会促进机体对有毒物质的吸收，从而加重损害女性的身体健康。第三，妇女不仅创造着社会财富，而且还担负着人类自身繁衍的重要职责，是双重意义上的生产者，妇女的健康状况不仅关系到妇女自身及其家庭，更关乎下一代的健康和整个民族的未来，因此对妇女的特殊劳动保护尤为重要；同时，妇女在怀孕期间应注意营养和休息，如果孕妇过度劳累、高度紧张或从事有毒有害作业，将直接损害胎儿的生长和发育，甚至导致畸形、流产、死胎等恶果，也会影响哺乳期妇女的乳源，损害婴儿的健康。

50 妇女权益保障法关于禁止因结婚、怀孕、产假、哺乳等情形或者在执行退休制度时歧视女职工有哪些规定？

答：妇女权益保障法第四十八条规定："用人单位不得因结婚、怀孕、产假、哺乳等情形，降低女职工的工资和福利待遇，限制女职工晋职、晋级、评聘专业技术职称和职务，辞退女职工，单方解除劳动（聘用）合同或者服务协议。女职工在怀孕以及依法享受产假期间，劳动（聘用）合同或者服务协议期满的，劳动（聘用）合同或者服务协议期限自动延续至产假结束。但是，用人单位依法解除、终止劳动（聘用）合同、服务协议，或者女职工依法要求解除、终止劳动（聘用）合同、服务协议的除外。用人单位在执行国家退休制度时，不得以性别为由歧视妇女。"

51 人力资源和社会保障部门如何保障男女平等在就业过程中的实现？

答：妇女权益保障法第四十九条规定："人力资源和社会保障部门应当将招聘、录取、晋职、晋级、评聘专业技术职称和职务、培训、辞退等过程中的性别歧视行为纳入劳动保障监察范围。"

任何组织或者个人对违反劳动保障法律、法规或者规章的行为，有权向劳动保障行政部门举报。女职工认为用人单位对其实施就业性别歧视的，有权向劳动保障行政部门投诉。

劳动保障行政部门应当依据《劳动保障监察条例》规定的监察期限和程序实施劳动保障监察，对违反妇女权益保障法和其他劳动保障法律、法规或者规章的行为，根据调查、检查的结果，依法作出处理：（1）对依法应当受到行政处罚的，依法作出行政处罚决定；（2）对应当改正未改正的，依法责令改正或者作出相应的行政处理决定；（3）对情节轻微且已改正的，撤销立案。发现违法案件不属于劳动保障监察事项的，应当及时移送有关部门处理；涉嫌犯罪的，应当依法移送司法机关。

劳动保障行政部门对违反劳动保障法律、法规或者规章的行为作出行政处罚或者行政处理决定前，应当听取用人单位的陈述、申辩；作出行政处罚或者行政处理决定，应当告知用人单位依法享有申请行政复议或者提起行政诉讼的权利。

52 国家如何对妇女进行社会保障？

答：妇女权益保障法第五十条规定："国家发展社会保障事业，保障妇女享有社会保险、社会救助和社会福利等权益。国家提倡和鼓励为帮助妇女而开展的社会公益活动。"

53 妇女权益保障法对女职工的生育保险、生育休假、生育救助制度是如何规定的？

答：妇女权益保障法第五十一条规定："国家实行生育保险制度，建立健全婴幼儿托育服务等与生育相关的其他保障制度。国家建立健全职工生育休假制度，保障孕产期女职工依法享有休息休假权益。地方各级人民政府和有关部门应当按照国家有关规定，为符合条件的困难妇女提供必要的生育救助。"

54 如何加强对困难妇女的权益保障？

答：妇女权益保障法第五十二条规定："各级人民政府和有关部门应当采取必要措施，加强贫困妇女、老龄妇女、残疾妇女等困难妇女的权益保障，按照有关规定为其提供生活帮扶、就业创业支持等关爱服务。"

55 妇女享有与男子平等的财产权利吗？

答：妇女权益保障法第五十三条规定："国家保障妇女享有与男子平等的财产权利。"

国家保障妇女享有与男子平等的财产权利，既是男女平等原则的体现，也是保障实现男女平等原则的物质基础。

56 如何保护婚姻、家庭共有财产中的妇女权益？

答：妇女权益保障法第五十四条规定："在夫妻共同财产、家庭共有财产关系中，不得侵害妇女依法享有的权益。"

在夫妻共同财产、家庭共有财产关系中，妇女的合法权益表现为妇女对共有财产享有与男子同等的权利；男子在使用、收益和处分共有财产时，必须取得妇女的同意；在夫妻共同财产、家庭共有财产关系终止时，妇女享有与男子同等份额的财产权，男子不得隐匿共有财产，等等。

57 妇女在农村土地承包经营等方面是否与男子平等地享有相关权利？

答：妇女权益保障法第五十五条规定："妇女在农村集体经济组织成员身份确认、土地承包经营、集体经济组织收益分配、土地征收补偿安置或者征用补偿以及宅基地使用等方面，享有与男子平等的权利。申请农村土地承包经营权、宅基地使用权等不动产登记，应当在不动产登记簿和权属证书上将享有权利的妇女等家庭成员全部列明。征收补偿安置或者征用补偿协议应当将享有相关权益的妇女列入，并记载权益内容。"

58 村章民规等如何体现对妇女权益的保护？

答：妇女权益保障法第五十六条规定："村民自治章程、

村规民约，村民会议、村民代表会议的决定以及其他涉及村民利益事项的决定，不得以妇女未婚、结婚、离婚、丧偶、户无男性等为由，侵害妇女在农村集体经济组织中的各项权益。因结婚男方到女方住所落户的，男方和子女享有与所在地农村集体经济组织成员平等的权益。"

59 妇女在城镇集体所有财产关系中的各项权益是否受到保护？

答：妇女权益保障法第五十七条规定："国家保护妇女在城镇集体所有财产关系中的权益。妇女依照法律、法规的规定享有相关权益。"

集体所有的不动产和动产包括：（1）法律规定属于集体所有的土地和森林、山岭、草原、荒地、滩涂；（2）集体所有的建筑物、生产设施、农田水利设施；（3）集体所有的教育、科学、文化、卫生、体育等设施；（4）集体所有的其他不动产和动产。

60 妇女是否享有与男子平等的继承权？

答：妇女权益保障法第五十八条规定："妇女享有与男子平等的继承权。妇女依法行使继承权，不受歧视。丧偶妇女有权依法处分继承的财产，任何组织和个人不得干涉。"

继承权的取得不因自然人的性别不同而不同。妇女享有与男子平等的继承权，不因妇女的婚姻、工作状况而有所差别，主要体现在以下方面：第一，确定法定继承人的范围及继承顺序、继承份额不因自然人的性别不同而不同。法定继承是指继承人范围、继承顺序、继承份额等均由法律直接规定的继承方式。第二，在遗嘱继承中，妇女享有由被继承人指定为继承人的权利。在遗嘱继承中，继承人是由被继承人指定的，这种指定是由被继承人在继承人中任意选定的，因此，妇女和男子并不必然同等继承被继承人的财产。在遗嘱继承中，妇女享有平等的继承权主要表现为两个方面：一是指定继承人时，既可以指定男性继承人，也可以指定女性继承人；二是在指定继承人为多人，且没有明确继承顺序和份额的情形下，根据男女平等的原则，妇女有取得与男子相同份额的遗产的权利。第三，代位继承不因自然人的性别不同而不同。代位继承是指在继承顺位之中的继承人于被继承人死亡前死亡，而由其特定晚辈亲属代位继承。对于代位继承，凡适用于男性的继承，同样适用于女性；适用于父系的继承，也同样适用于母系。第四，转继承不因自然人的性别不同而不同。转继承是指继承人本人在遗产分割前死亡，其应得的遗产份额转由其继承人继承。第五，在夫妻财产继承中，夫妻继承地位平等，处分所继承的财产的权利平等。夫妻彼此是对方的第一顺位法定继承人。第六，在适用其他继承规则时男女平等。比如，对生活有特殊困难又缺乏劳动能力的继承人，分配遗产时，应当予以照顾。对被继承人尽了主要扶养义务或者与被继承人共同生活的继承人，分配遗产时，可以多分。有扶养能力和有扶养条件的继承人，不尽扶养义务的，分配遗产时，应当不分或者少分。这里所讲的继承人是不分男女的，妇女享有与男子平等的财产继承权。

61 丧偶儿媳是否可以作为第一顺序遗产继承人？

答：妇女权益保障法第五十九条规定："丧偶儿媳对公婆尽了主要赡养义务的，作为第一顺序继承人，其继承权不受子女代位继承的影响。"

62 妇女是否与男子平等地享有婚姻家庭权利？

答：妇女权益保障法第六十条规定："国家保障妇女享有与男子平等的婚姻家庭权利。"

婚姻家庭权利，是指民事主体基于婚姻家庭关系而享有的民事权利和利益。婚姻家庭权利包括依婚姻家庭关系而产生的人身方面的权利，如婚姻自主权、对未成年人的监护权等，还包括依婚姻家庭关系而产生的财产方面的权利，如对家庭财产的占有、使用、收益和处分，对家庭成员财产的继承权等。男女婚姻家庭权利平等是男女平等在婚姻家庭领域中的体现，是建立美满婚姻关系和发展和睦的家庭生活的重要保障。

63 妇女是否享有婚姻自主权？

答：妇女权益保障法第六十一条规定："国家保护妇女的

婚姻自主权。禁止干涉妇女的结婚、离婚自由。"

婚姻自由包括结婚自由和离婚自由两个方面。结婚自由，是指当事人依法缔结婚姻关系的自由，结婚必须是男女双方本人完全自愿，禁止任何一方对他方加以强迫，禁止任何组织和个人加以干涉。保障结婚自由，不仅是对妇女婚姻自主权的保护，而且也是为使男女双方能基于自己的意愿结成共同生活的伴侣，建立幸福美满的家庭。离婚自由，是指当事人依法解除婚姻关系的自由，即婚姻双方都有权提出离婚，任何组织和个人都不得干涉。保障离婚自由，不仅是对妇女婚姻自主权的保护，而且也使无法维持的婚姻关系得以解除，免除双方婚姻名存实亡的痛苦。结婚自由和离婚自由是统一的，二者相互结合缺一不可。

64 国家是否鼓励男女双方进行婚前医学检查或者健康体检？

答：妇女权益保障法第六十二条规定："国家鼓励男女双方在结婚登记前，共同进行医学检查或者相关健康体检。"

65 婚姻登记机关是否应当为男女双方提供婚姻家庭辅导服务？

答：妇女权益保障法第六十三条规定："婚姻登记机关应当提供婚姻家庭辅导服务，引导当事人建立平等、和睦、文明的婚姻家庭关系。"

66 男方是否能在女方怀孕期间、分娩后一年内或者终止妊娠后六个月内提出离婚？

答： 妇女权益保障法第六十四条规定："女方在怀孕期间、分娩后一年内或者终止妊娠后六个月内，男方不得提出离婚；但是，女方提出离婚或者人民法院认为确有必要受理男方离婚请求的除外。"

67 妇女权益保障法关于禁止对妇女实施家庭暴力是如何规定的？

答： 妇女权益保障法第六十五条规定："禁止对妇女实施家庭暴力。县级以上人民政府有关部门、司法机关、社会团体、企业事业单位、基层群众性自治组织以及其他组织，应当在各自的职责范围内预防和制止家庭暴力，依法为受害妇女提供救助。"

68 妇女在夫妻财产关系中有哪些权利？

答： 妇女权益保障法第六十六条规定："妇女对夫妻共同财产享有与其配偶平等地占有、使用、收益和处分的权利，不受双方收入状况等情形的影响。对夫妻共同所有的不动产以及可以联名登记的动产，女方有权要求在权属证书上记载其姓名；认为记载的权利人、标的物、权利比例等事项有错误的，有权依法申请更正登记或者异议登记，有关机构应当按照其申请依法办理相应登记手续。"

夫妻共同财产的性质是共同共有，不是按份共有，因此夫妻对全部共同财产，应当不分份额地享有同等的权利，承担同等的义务。不能根据夫妻双方经济收入的多少来确定其享有共同财产所有权的多少。夫妻双方对共同财产享有平等的占有、使用、收益和处分的权利。夫妻一方对共同财产的使用、处分，除另有约定外，应当在取得对方的同意之后进行。尤其是重大财产问题，未经对方同意，任何一方不得擅自处分。夫妻一方在处分共同财产时，另一方明知其行为而不作否认表示的，视为同意，事后不得以自己未参加处分为由否认处分的法律效力。夫妻一方未经对方同意擅自处分共同财产的，对方有权请求宣告该处分行为无效，但不得对抗善意第三人，即如果第三人不知道也无从知道夫妻一方的行为属于擅自处分行为的，该处分行为有效，以保护第三人的利益，维护交易安全。

69 离婚诉讼期间，夫妻一方是否能申请对夫妻共同财产进行查明与保护？

答：妇女权益保障法第六十七条规定："离婚诉讼期间，夫妻一方申请查询登记在对方名下财产状况且确因客观原因不能自行收集的，人民法院应当进行调查取证，有关部门和单位应当予以协助。离婚诉讼期间，夫妻双方均有向人民法院申报全部夫妻共同财产的义务。一方隐藏、转移、变卖、损毁、挥霍夫妻共同财产，或者伪造夫妻共同债务企图侵占另一方财产的，在离婚分割夫妻共同财产时，对该方可以少分或者不分财产。"

70 妇女权益保障法对夫妻共担家庭义务与家务补偿制度是如何进行规定的？

答：妇女权益保障法第六十八条规定："夫妻双方应当共同负担家庭义务，共同照顾家庭生活。女方因抚育子女、照料老人、协助男方工作等负担较多义务的，有权在离婚时要求男方予以补偿。补偿办法由双方协议确定；协议不成的，可以向人民法院提起诉讼。"

《中华人民共和国民法典》第一千零八十八条规定："夫妻一方因抚育子女、照料老年人、协助另一方工作等负担较多义务的，离婚时有权向另一方请求补偿，另一方应当给予补偿。具体办法由双方协议；协议不成的，由人民法院判决。"妇女权益保障法在民法典规定的基础上，从保护女方权益的角度规定，女方因抚育子女、照料老人、协助男方工作等负担较多义务的，有权在离婚时要求男方予以补偿。补偿办法由双方协议确定，协议不成的，可以向人民法院提起诉讼。

71 离婚时，如何分割夫妻共有的房屋或者如何处理夫妻共同租住的房屋？

答：妇女权益保障法第六十九条规定："离婚时，分割夫妻共有的房屋或者处理夫妻共同租住的房屋，由双方协议解决；协议不成的，可以向人民法院提起诉讼。"

72 父母双方对未成年子女是否享有平等的监护权？

答：妇女权益保障法第七十条规定："父母双方对未成年子女享有平等的监护权。父亲死亡、无监护能力或者有其他情形不能担任未成年子女的监护人的，母亲的监护权任何组织和个人不得干涉。"

父母双方对未成年子女享有平等的监护权，意味着父母双方平等地享有对未成年子女抚养、教育和保护的权利，不允许一方剥夺另一方的权利；同样也意味着承担同等的义务，不允许任何一方推卸责任，当未成年子女对国家、集体或者他人造成损害时，父母双方都要承担相应的民事责任。

73 女方丧失生育能力的，离婚时应如何处理子女抚养问题？

答：妇女权益保障法第七十一条规定："女方丧失生育能力的，在离婚处理子女抚养问题时，应当在最有利于未成年子女的条件下，优先考虑女方的抚养要求。"

在离婚处理子女抚养问题时，在最有利于未成年子女的条件下，还应当优先考虑丧失生育能力的女方的抚养要求。生育能力是指能够生育活产婴儿的生理能力。女性生育能力主要是指女性产生卵母细胞、卵细胞并孕育胎儿的能力。对于女方因绝育手术、疾病、年老等原因丧失生育能力，且有条件和能力抚养子女，并要求孩子由女方抚养随女方生活的情况，法院应当优先考虑女方的合理要求，判令孩子由母亲抚养、随母亲生活。这一规定，一是合乎情理，体现了对失去生育能力妇女的照顾和保护。二是实事求是，有利于保护未成年人利益。妇女失去生育能力后，不可能再生育其他子女，因而也有更多的时间和精力去关爱、照顾现有子女。因此，在这种情况下，优先考虑女方的抚养要求，也符合最有利于未成年子女原则。三是权利和义务相一致。实行计划生育是我国的基本国策，公民有生育的权利，也有依法实行计划生育的义务，夫妻双方在实行计划生育中负有共同的责任。实践中，在很多家庭中由女方实施避孕节育手术。因此，在女方因绝育手术失去能力后，相应地需要优先考虑女方对子女的抚养要求。

74 妇女的合法权益受到侵害时，如何进行救济？

答：妇女权益保障法第七十二条规定："对侵害妇女合法权益的行为，任何组织和个人都有权予以劝阻、制止或者向有关部门提出控告或者检举。有关部门接到控告或者检举后，应当依法及时处理，并为控告人、检举人保密。妇女的合法权益受到侵害的，有权要求有关部门依法处理，或者依法申请调解、仲裁，或者向人民法院起诉。对符合条件的妇女，当地法律援助机构或者司法机关应当给予帮助，依法为其提供法律援助或者司法救助。"

法律援助，是国家建立的为经济困难公民和符合法定条件的其他当事人无偿提供法律咨询、代理、刑事辩护等法律服务的制度，是公共法律服务体系的组成部分。司法救助，是指在司法过程中对困难群众开展救助工作，有效维护当事人的合法权益。

75 妇联等妇女组织如何帮助合法权益受到侵害的妇女？

答：妇女权益保障法第七十三条规定："妇女的合法权益受到侵害的，可以向妇女联合会等妇女组织求助。妇女联合会等妇女组织应当维护被侵害妇女的合法权益，有权要求并协助有关部门或者单位查处。有关部门或者单位应当依法查处，并予以答复；不予处理或者处理不当的，县级以上人民政府负责妇女儿童工作的机构、妇女联合会可以向其提出督促处理意见，必要时可以提请同级人民政府开展督查。受害妇女进行诉讼需要帮助的，妇女联合会应当给予支持和帮助。"

76 妇女权益保障法修订对新增加的联合约谈制度是如何进行规定的？

答：妇女权益保障法第七十四条规定："用人单位侵害妇女劳动和社会保障权益的，人力资源和社会保障部门可以联合工会、妇女联合会约谈用人单位，依法进行监督并要求其限期纠正。"

被约谈对象应当按照约谈部门的要求采取措施，停止侵害妇女劳动和社会保障权益的行为，并限期进行整改。被约谈对象拒不接受约谈或者不落实整改要求的，有关主管部门可以采取进一步的监管和追责措施。例如，妇女权益保障法第八十三条规定，对于拒不改正或者情节严重的，处一万元以上五万元以下罚款。

77 妇女在农村集体经济组织中的权益受到侵害时有哪些救济途径？

答：妇女权益保障法第七十五条规定："妇女在农村集体经济组织成员身份确认等方面权益受到侵害的，可以申请乡镇人民政府等进行协调，或者向人民法院起诉。乡镇人民政府应当对村民自治章程、村规民约、村民会议、村民代表会议的决定以及其他涉及村民利益事项的决定进行指导，对其中违反法律、法规和国家政策规定，侵害妇女合法权益的内容责令改正；受侵害妇女向农村土地承包仲裁机构申请仲裁或者向人民法院起诉的，农村土地承包仲裁机构或者人民法院应当依法受理。"

乡镇人民政府的职责主要包括：一是对村民自治章程、村规民约，村民会议、村民代表会议的决定以及其他涉及村民利益事项的决定进行指导。二是对其中违反法律、法规和国家政策规定，侵害妇女合法权益的内容责令改正。

78 如何通过妇女权益保护服务热线保障妇女的合法权益？

答：妇女权益保障法第七十六条规定："县级以上人民政府应当开通全国统一的妇女权益保护服务热线，及时受理、移送有关侵害妇女合法权益的投诉、举报；有关部门或者单位接到投诉、举报后，应当及时予以处置。鼓励和支持群团组织、企业事业单位、社会组织和个人参与建设妇女权益保护服务热线，提供妇女权益保护方面的咨询、帮助。"

实践中，妇女权益保护服务热线要依托各级妇联维权协调机制，形成个案维权的转介平台。一旦有侵害妇女权益的重要案件发生，可以迅速协调公安、司法、法院、民政、人力资源和社会保障等相关成员单位，将案件转介到各职能部门，并通过协调督促，使案件得到及时有效的解决。

79 检察机关针对哪些侵害妇女合法权益的情形可以发出检察建议以及提起公益诉讼？

答：妇女权益保障法第七十七条规定："侵害妇女合法权益，导致社会公共利益受损的，检察机关可以发出检察建议；有下列情形之一的，检察机关可以依法提起公益诉讼：（一）确认农村妇女集体经济组织成员身份时侵害妇女权益或者侵害妇女享有的农村土地承包和集体收益、土地征收征用补偿分配权益和宅基地使用权益；（二）侵害妇女平等就业权益；（三）相关单位未采取合理措施预防和制止性骚扰；（四）通过大众传播媒介或者其他方式贬低损害妇女人格；（五）其他严重侵害妇女权益的情形。"

80 可以支持受侵害的妇女向人民法院起诉的主体有哪些？

答：妇女权益保障法第七十八条规定："国家机关、社会团体、企业事业单位对侵害妇女权益的行为，可以支持受侵害的妇女向人民法院起诉。"

81 政府及其有关部门、基层群众自治组织未依法履行报告义务应承担什么法律责任？

答：妇女权益保障法第七十九条规定："违反本法第二十二条第二款规定，未履行报告义务的，依法对直接负责的主管人员和其他直接责任人员给予处分。"

82 实施性骚扰及未履行预防和制止性骚扰义务的应承担什么法律责任？

答：妇女权益保障法第八十条规定："违反本法规定，对妇女实施性骚扰的，由公安机关给予批评教育或者出具告诫书，并由所在单位依法给予处分。学校、用人单位违反本法规定，未采取必要措施预防和制止性骚扰，造成妇女权益受到侵害或者社会影响恶劣的，由上级机关或者主管部门责令改正；拒不改正或者情节严重的，依法对直接负责的主管人员和其他直接责任人员给予处分。"

83 住宿经营者未履行报告等义务应承担什么法律责任？

答：妇女权益保障法第八十一条规定："违反本法第二十六条规定，未履行报告等义务的，依法给予警告、责令停业整顿或者吊销营业执照、吊销相关许可证，并处一万元以上五万元以下罚款。"

84 通过大众传播媒介或者其他方式贬低损害妇女人格的应承担什么法律责任？

答：妇女权益保障法第八十二条规定："违反本法规定，通过大众传播媒介或者其他方式贬低损害妇女人格的，由公安、网信、文化旅游、广播电视、新闻出版或者其他有关部门依据各自的职权责令改正，并依法给予行政处罚。"

85 用人单位实施性别歧视行为的应承担什么法律责任？

答：妇女权益保障法第八十三条规定："用人单位违反本法第四十三条和第四十八条规定的，由人力资源和社会保障部门责令改正；拒不改正或者情节严重的，处一万元以上五万元以下罚款。"

86 在保护妇女合法权益方面存在渎职情形的国家机关工作人员应承担什么法律责任？

答：妇女权益保障法第八十四条规定："违反本法规定，对侵害妇女权益的申诉、控告、检举，推诿、拖延、压制不予查处，或者对提出申诉、控告、检举的人进行打击报复的，依法责令改正，并对直接负责的主管人员和其他直接责任人员给予处分。国家机关及其工作人员未依法履行职责，对侵害妇女权益的行为未及时制止或者未给予受害妇女必要帮助，造成严重后果的，依法对直接负责的主管人员和其他直接责任人员给予处分。违反本法规定，侵害妇女人身和人格权益、文化教育权益、劳动和社会保障权益、财产权益以及婚姻家庭权益的，依法责令改正，直接负责的主管人员和其他直接责任人员属于国家工作人员的，依法给予处分。"

87 违反妇女权益保障法的规定，侵犯妇女的合法权益的，是否应承担行政责任、民事责任以及刑事责任？

答：妇女权益保障法第八十五条规定："违反本法规定，侵害妇女的合法权益，其他法律、法规规定行政处罚的，从其规定；造成财产损失或者人身损害的，依法承担民事责任；构成犯罪的，依法追究刑事责任。"

88 2022 年 10 月 30 日修订的《中华人民共和国妇女权益保障法》，从何时开始施行？

答：妇女权益保障法第八十六条规定："本法自 2023 年 1 月 1 日起施行。"

第二部分　案　例

1. 妇女权益保障检察公益诉讼典型案例①

陕西省咸阳市渭城区人民检察院督促保护妇女劳动权益行政公益诉讼案

【关键词】

行政公益诉讼诉前程序　妇女劳动权益　预防性骚扰公开听证　综合治理

【要旨】

针对用人单位未充分保障孕期、哺乳期妇女休息权益等问题，检察机关通过提出检察建议督促行政机关依法履职，并建立协作配合机制，推动构建妇女劳动权益保障齐抓共管格局。

【基本案情】

陕西省咸阳市渭城区多家超市、商场等女职工较多的单位存在保障女职工劳动权益不到位的问题，如未保障哺乳假，对怀孕、哺乳期女职工安排加班、夜班；未组织定期体检，

———————

①　https：//www.spp.gov.cn/xwfbh/wsfbt/202211/t20221125_593653.shtml#2，最后访问日期：2023年2月23日。

未将体检时间计入劳动时间，未承担全部体检费用；未制定或落实预防、制止女职工在劳动场所遭受性骚扰的制度，损害了广大妇女劳动权益。

【调查和督促履职】

2022年6月至7月，陕西省咸阳市渭城区人民检察院（以下简称渭城区院）围绕损害妇女劳动权益问题，以"线上+线下"问卷调查、实地走访等方式开展社会调查，并于7月5日以行政公益诉讼立案。7月7日，渭城区院组织召开公开听证会，邀请渭城区人力资源和社会保障局（以下简称渭城区人社局）、渭城区妇女联合会（以下简称渭城区妇联）参加，并邀请政协委员作为听证员，围绕相关用人单位是否依法保障女职工劳动权益等问题进行论证，形成了行政机关应依法履行监管职责的听证意见。听证会结束后，渭城区院于同日向渭城区人社局公开送达行政公益诉讼检察建议书，建议其加强对用人单位的监督管理，依法保障女职工合法劳动权益。

2022年8月底，渭城区人社局回复称，已约谈了4家涉案超市、商场，就检察建议中涉及的问题下发整改通知，并提出三项具体要求：一是保障孕妇、哺乳期女职工合理休息时间，减轻工作量，禁止加班、夜班；二是落实体检规定；三是建立并公示防止职场性骚扰制度，确定专门人员处理此类纠纷。

2022年9月，渭城区院跟进监督发现，各用人单位均已经按要求整改到位，已安排哺乳期女职工休哺乳假，共组织110名女职工体检，组织全体女职工学习劳动权益保障法规政策，公示了防止女性职场性骚扰制度，某超市还将性骚扰列入奖惩制度当中，对性骚扰行为制定严格的惩处规定。同时，渭城区院针对调查阶段发现的女职工劳动权益保障意识淡漠等问题，制作了妇女权益保护普法宣传视频，联合渭城区人社局、区妇联开展普法宣传，辖区主要商场、超市均完善了妇女劳动权益保障工作。

办案过程中，渭城区院坚持以个案办理推动综合治理，与渭城区妇联联合印发了《建立妇女权益保障协作配合机制意见》，在线索移送、司法救助等多方面达成合作意见；联合设立"渭城区妇女儿童维权服务工作站"，选聘60名街办和社区工作者作为联络员，建立起"渭城区—街道—社区"三级全覆盖的妇女权益保障网格化管理机制。该机制建立以来，已接待来信来访妇女120余人，救助符合条件的妇女28人，发放救助金15万余元。

【典型意义】

劳动权益是一项重要的妇女权益，用人单位应依法保障妇女在工作和劳动时的安全和健康。本案中，检察机关以社会调查为基础，以公开听证为切入点，通过办案促进溯源治理，以"我管"促"都管"，推动形成检察监督、行政执法、妇联组织、用人单位等四方联合保障妇女劳动权益的合力，着力解决身边被漠视的妇女劳动权益保障问题。

贵州省纳雍县人民检察院督促保护
妇女劳动和社会保障权益行政公益诉讼案

【关键词】

行政公益诉讼诉前程序　妇女劳动和社会保障权益
"益心为公"志愿者　溯源治理

【要旨】

针对企业未依法保障妇女劳动和社会保障权益的行为，检察机关强化与妇联协作配合，充分发挥"益心为公"志愿者作用，通过制发诉前检察建议、设立妇女权益维权站、开展司法救助、建立长效机制等方式，切实维护妇女合法权益。

【基本案情】

贵州省毕节市纳雍县域内四家大型超市聘用女职工比例高达93%，存在着未依法为女职工缴纳社会保险、未按规定对法定节假日工作的女职工给付3倍工资、未在三八妇女节给女职工放假半天、违规安排哺乳期女职工值夜班等行为，侵害了妇女劳动和社会保障权益。

【调查与督促履职】

2022年年初，贵州省毕节市纳雍县人民检察院（以下简称纳雍县院）与纳雍县妇女联合会（以下简称纳雍县妇联）联合开展"妇女合法权益保护"专项监督活动，发现该案线索，并于2022年4月28日立案。办案过程中，检察机关主动向妇联具有专业背景的"益心为公"志愿者进行咨询，通过现场走访、调取相关证据材料及询问相关人员等方式开展调查取证，查明纳雍县域内四家大型超市违反女职工劳动保护相关法律法规，负有监督管理职责的纳雍县人力资源和社会保障局（以下简称纳雍县人社局）未依法履职，导致女职工劳动和社会保障权益受到侵害。遂向纳雍县人社局发出行政公益诉讼检察建议，建议纳雍县人社局全面履行监管职责，针对发现的问题依法进行整治，并对辖区内女性劳动者集中的用工单位进行全面排查，维护女职工的劳动权益。

纳雍县人社局收到检察建议后立即开展调查核实，督促涉案的四家超市依法缴纳女职工社会保险共计15.6万元；对节假日加班女职工补发工资共计7300元，并发放价值4600元的慰问品；禁止超市违规安排孕妇、哺乳期女职工加班、值夜班。通过排查，建立企业诚信档案，对侵犯妇女权益的企业纳入黑名单，强化对妇女用工企业的监督管理。

2022年5月24日，纳雍县院联合县妇联、县人社局对全县30余家重点妇女用工企业开展法治宣传。6月8日，纳雍县人社局组织涉案的四家超市召开集体约谈会，并邀请纳雍县院现场开展法律培训，促进企业依法用工。办案过程中，为进一步推进妇女权益保护，纳雍县院与纳雍县妇联会签《关注困难妇女群众，加强专项司法救助》机制，就搭建救助平台、关爱困难妇女群体等工作达成共识，结合正在开展的"关注困难妇女群体，加强专项司法救助"活动，为涉案超市病困女职工李某某申请司法救助金1万元；与纳雍县人社局共同建立妇女维权工作站，设置并公告妇女维权电话，开设妇女权益保护"绿色通道"。维权站成立至今，已收到侵害妇女权益线索30余件，涉及妇女51人，欠薪总额55.9万元，目前已解决 14 件，涉及妇女 21 人，涉及金额共计 34.2 万元。

2022 年 8 月 11 日，纳雍县院邀请纳雍县妇联"益心为公"志愿者、县人大代表、政协委员、人民监督员共同到涉案四家超市持续跟进"回头看"，并对案件办理成效进行公开听证。听证员一致认为，行政机关已经依法全面履职，妇女劳动和社会保障权益得到有效保护，建议对该案依法终结。检察机关经审查，于 2022 年 8 月 12 日对该案依法终结。

【典型意义】

妇女依法享有劳动和社会保障权利，是妇女实现其政治、经济、文化、社会和家庭生活等各方面权益的基础。本案中，检察机关针对用人单位未依法保障妇女劳动和社会保障权利的行为，充分发挥公益诉讼职能作用，加强与妇联的协作配合，通过诉前检察建议督促行政机关依法履职、切实整改，并联合建立妇女权益保护"绿色通道"，以个案推动完善长效机制，促进溯源治理。

北京铁路运输检察院督促整治
妇女就业歧视行政公益诉讼案

【关键词】

行政公益诉讼诉前程序　妇女平等就业权益　性别歧视
网络招聘服务平台　系统治理

【要旨】

针对网络招聘服务平台违规发布歧视女性招聘信息的问题，检察机关以反就业歧视为切入点，通过诉前检察建议督促行政机关对相关用人单位进行监管，对网络招聘服务平台审核机制督促整改，推动溯源治理，切实维护妇女平等就业的合法权益。

【基本案情】

北京市海淀区部分用人单位在网络招聘服务平台上发布含有"男士优先""限男性"等性别歧视性内容的网络招聘信息，海淀区某人力资源服务机构以提供网络招聘服务平台为服务方式，在为劳动者求职和用人单位招用人员提供服务的过程中，对用人单位提供的含有性别歧视性内容的网络招聘信息进行平台发布，未尽到审核义务。用人单位和人力资源服务机构的上述行为，侵犯了妇女平等就业的合法权益，损害了社会公共利益。

【调查和督促履职】

北京铁路运输检察院（以下简称北京铁检院）开展"保障妇女权益，促进平等就业"专项活动，依托构建的网络招聘服务平台就业歧视公益诉讼线索发现模型，对北京各大网络招聘服务平台开展大数据筛查，发现海淀区4家用人单位在发布招聘平面设计学徒、现场代表、客服经理等工作岗位时，岗位要求中存在"男士优先""限男性"等性别歧视性内容，于2022年4月6日以行政公益诉讼立案。进一步调查发现，在海淀区某人力资源服务机构运营的大型网络招聘服务平台上，有13家外省市用人单位存在发布性别歧视网络招聘信息的违法行为。北京铁检院经审查认为，根据《中华人民共和国妇女权益保障法》《中华人民共和国就业促进法》《人力资源市场暂行条例》《网络招聘服务管理规定》等法律法规规定，北京市海淀区人力资源和社会保障局（以下简称海淀区人社局）负有监管职责。2022年4月20日，北京铁检院与海淀区人社局召开座谈会并发出检察建议书，督促行政机关对存在违法行为的用人单位及未尽审核义务的网络招聘服务平台依法查处，健全网络招聘服务监管机制，加大对辖区内人力资源服务机构开展网络招聘服务的监管力度。

检察建议发出后，行政机关积极开展整改工作：一是对4家用人单位逐一核查，督促用人单位对发布的网络招聘信息进行修改，删除性别歧视性岗位要求；二是督促涉案的某人力资源服务机构对其发布在网络招聘服务平台上的网络招聘信息自行全面筛查，及时发现并纠正违法信息，并对该人力资源服务机构分阶段开展三轮检查，确保该机构在平台发布的169家企业的网络招聘信息合法，全面整改到位；三是在辖区内开展人力资源服务行业规范经营自查行动和"以案释法"法规宣讲活动，切实保障辖区内人力资源服务机构规范化、专业化经营；四是通过督促机构自查自改和"双随机"检查相结合的方式，实现对辖区内人力资源服务机构的常态化监管。

收到行政机关书面回复后，北京铁检院积极开展跟进监督，通过网上核实行政机关履职情况，确认相关违法情形已经消除，社会公益已得到有效维护。2022年7月，北京铁检院与海淀区人社局召开座谈会，就检察建议整改、后续监管等情况深入交流，进一步凝聚共识，共同促进妇女就业、维护社会公益。

【典型意义】

反对就业歧视，保障妇女平等就业和自主择业的权利，是尊重和保障妇女权益的必然要求。随着网络招聘模式的逐渐普及，妇女就业歧视的违法行为更趋隐蔽，给行政机关监管、妇女就业维权带来一定困难。本案中，检察机关从网络招聘服务平台的监管盲区入手，依托大数据筛查，通过制发检察建议，激发行政机关监督执法主动性，规范网络招聘服务平台审核管理职责，有效避免歧视性招聘信息的发布，拓宽妇女就业渠道，注重溯源治理，推动形成妇女权益保护合力，实现了双赢多赢共赢的办案效果。

上海市松江区人民检察院督促
保护残疾妇女平等就业权行政公益诉讼案

【关键词】

行政公益诉讼诉前程序 残疾妇女平等就业权益 协同共治 "益心为公"志愿者

【要旨】

针对辖区内企业残疾人招聘涉嫌性别歧视问题，检察机关借助"益心为公"检察云平台志愿者力量，充分发挥公益诉讼检察职能，精准督促相关职能部门及时纠正整改，共同维护残疾妇女的平等就业权。

【基本案情】

2022年5月，上海市松江区的上海某置业公司、上海某园林公司在面向全区残疾人推出的就业招聘中对岗位性别进行了限定，限招男性，然而岗位并不属于国家规定的不适合妇女的工种或者岗位，未充分保障残疾妇女平等就业权，损害了社会公共利益。

【调查和督促履职】

2022 年 5 月，一名"益心为公"检察云平台志愿者向上海市松江区人民检察院（以下简称松江区院）反映，近期本区残疾人线上专场招聘中，部分招聘岗位指向性明显，涉嫌性别歧视。松江区院迅速研判并调查核实，发现该招聘活动系 2022 年松江区国有企业招录残疾人线上专场招聘，旨在帮扶残疾人就业。招聘启事中有企业岗位设定性别限制，岗位信息显示：上海某置业公司招聘招标审价员 1 人，性别男，岗位要求遵守国家法律法规，爱岗敬业，品行端正；具有全日制本科及以上学历，理工类相关或相近专业；具有 5 年以上招标审价工作经验。上海某园林公司招聘绿化修剪工 1 人，性别男，岗位要求是熟悉园艺修剪，能够适当从事体力劳动。松江区院经审查认为，上述岗位并不属于国家规定的不适合妇女的工种或者岗位，却限招男性，侵害残疾妇女平等就业权，损害了社会公共利益。根据《中华人民共和国劳动法》《中华人民共和国就业促进法》等相关法律规定，松江区人力资源和社会保障局（以下简称区人社局）负有监督管理职责。2022 年 5 月 30 日，松江区院以行政公益诉讼立案并开展调查取证。

2022 年 6 月 8 日，松江区院举行线上公开听证会，邀请区人社局、区国有资产监督管理委员会（以下简称区国资委）、区残疾人联合会（以下简称区残联）、人民监督员、

"益心为公"志愿者及用人单位代表共同参与听证，就公益侵害事实、如何保护妇女平等就业权等问题开展探讨并取得共识，一致认为涉案企业积极落实帮扶残疾人群体就业值得肯定，但在招聘岗位并不属于国家规定的不适合妇女的工种或者岗位、仅限招录男性的做法，违反了《中华人民共和国妇女权益保障法》等法律规定，未充分保障残疾妇女平等就业权。听证会结束后，松江区院依法向区人社局发出行政公益诉讼诉前检察建议，建议其履行保障残疾妇女平等就业权的法定监管职责，并协同有关职能部门进一步规范辖区内企业单位招聘工作，建立健全长效工作机制。同时，松江区院向区国资委、区残疾人就业促进指导中心分别制发《关于进一步规范辖区国有企业招聘工作的提示函》《关于进一步优化辖区残疾人就业指导工作的提示函》，提示规范招聘信息征集、发布流程管理，凝聚多部门工作保护合力。

各行政机关收到检察建议或提示函后高度重视，并积极推动整改。区人社局回函表示，已第一时间约谈涉案企业，责令立即改正违法行为，并就规范辖区内企业单位的招聘工作进行了整体部署；区国资委回函表示，已删除原招聘链接并重新制作后予以发布；区残疾人就业促进指导中心回函表示，已向各街镇残联下发通知，取消性别限制，延长报名时间，同时优化招聘工作流程与机制，截至目前已有残疾女性报名。

收到回函后，松江区院通过线下上门走访、线上调查核实等方式进行跟进监督，确认了相关整改事实，社会公共利益得到维护。同时，为进一步做好溯源治理，松江区院与区妇女联合会建立工作机制，全方位保护残疾妇女合法权益。

【典型意义】

国家高度关注残疾人就业，2022年全国助残日主题就是"促进残疾人就业，保障残疾人权益"。本案中，检察机关围绕残疾女性的平等就业权开展公益诉讼，依法向主管行政机关发出诉前检察建议，督促及时纠正违法招聘行为、消除就业歧视。既立足残疾人弱势群体保护，也着眼妇女平等就业权保障。同时，坚持以"我管"促"都管"，注重拓展办案效果，分别向相关部门发出工作提示函，督促其进一步优化就业招聘工作机制，形成多元主体协同保护残疾妇女合法权益的治理格局。

江苏省滨海县人民检察院诉王某红侵犯孕产妇生育信息刑事附带民事公益诉讼案

【关键词】

刑事附带民事公益诉讼　行政公益诉讼诉前程序　孕产妇生育信息　妇女人格权益　公益损害赔偿金

【要旨】

针对孕产妇生育信息被泄露、滥用的行为，检察机关充分发挥刑事、公益诉讼检察职能作用，依法追究当事人的公益损害赔偿责任，并建立公益损害赔偿款财政专用账户托管机制，全方位保护公民个人健康生理信息。

【基本案情】

2016年至2020年期间，被告王某红利用自己在江苏省滨海县某镇中心卫生院的工作便利，为获取非法利益向他人提供孕产妇、新生儿等生育信息计25124条。上述信息被转售给当地母婴店和儿童摄影馆，用于定向推销母婴产品、新生儿照相等产品或服务。王某红从中非法获利人民币33200元。

【调查和诉讼】

江苏省滨海县人民检察院（以下简称滨海县院）在履职中发现本案线索，于2021年3月26日立案，并围绕被泄露信息是否属于健康生理信息、公共利益是否受到损害等问题进行重点调查。此案发生时，《中华人民共和国个人信息保护法》尚未出台，检察机关就管辖权、赔偿数额、公益赔偿金使用等问题加强研究，与相关部门形成"刑事处罚+民事赔偿"同步处理的共识。同年4月15日，滨海县院召开公开听证会，邀请人大代表、政协委员、人民监督员、妇女代表等作为听证员，就如何保护妇女儿童个人信息、提起公益诉讼的必要性等开展广泛讨论。听证员一致认为，检察机关应主动履职，提起公益诉讼，最大程度保护妇女儿童的合法权益。

2021年4月22日，滨海县院向滨海县人民法院提起刑事附带民事公益诉讼，在依法追究王某红刑事责任的同时，请求判令王某红承担民事赔偿金33200元，并在地市级以上新闻媒体向公众公开赔礼道歉。

2021年11月2日，法院以王某红犯侵犯公民个人信息罪，判处其有期徒刑三年，并处罚金人民币三万五千元；判决王某红支付损害赔偿金人民币三万三千二百元，并在本市市级以上媒体公开登报赔礼道歉。同时，滨海县院会同财政部门研究出台《关于加强公益赔偿资金使用管理办法（试行）》，建立公益损害赔偿款财政专用账户托管机制，专设财政代管账户，并就利用公益损害赔偿金开展保护妇女儿童公益活动达成一致意见。目前，损害赔偿金已执行到位并存入财政代管账户。

针对办案中发现的医疗机构存在泄漏公民个人信息隐患问题，滨海县院向县卫生健康委员会（以下简称县卫健委）制发行政公益诉讼检察建议，建议其采取有效措施消除现有的孕产妇信息泄露隐患，从制度建立、设备更新、人员管理等方面完善公民个人信息的保护机制。收到检察建议后，县卫健委立即召开全县医疗机构警示教育大会，签订信息安全保密责任状，建立孕产妇、新生儿信息专人保管、"双人双密"的保护制度。

【典型意义】

孕产妇生育信息属于个人健康生理信息，是《中华人民共和国民法典》保护的有重要价值的公民个人信息。生育信息数据庞大，一旦泄露易引发针对妇女的电信诈骗、定向促销、人身骚扰等多种关联违法犯罪活动，给相关家庭人身和财产安全构成重大威胁。本案中，检察机关在通过刑事检察从严惩治侵害公民个人信息犯罪行为的同时，通过提起刑事附带民事公益诉讼、制发检察建议等方式推动相关行业领域整治，设立公益损害赔偿金专用账户，构建多部门协作配合机制，共同维护孕产妇生育信息安全。

江西省樟树市人民检察院督促整治低俗广告
贬低损害妇女人格行政公益诉讼案

【关键词】

行政公益诉讼诉前程序　低俗广告　妇女人格权益　公开听证

【要旨】

针对企业通过发布含物化矮化女性或贬低损害妇女人格等低俗内容的广告进行恶意营销的行为，检察机关可以通过发出检察建议，督促行政机关依法查处企业广告违法行为，推动开展区域内行业整治，引导企业加强合规建设，维护妇女合法权益。

【基本案情】

2021 年 8 月 1 日，江西某公司委托某科技公司对妇炎洁女性个护保养系列产品提供运营、策划、推广、销售等服务。2022 年 4 月 30 日，该科技公司在天猫妇炎洁官方旗舰店推广销售"妇炎洁玻尿酸玫瑰滋养洗液"产品时，在商品详情页面的广告宣传中使用"洗出'少女粉'""黑！暗沉发黑，遭伴侣嫌弃"等大量低俗、恶俗、媚俗用语，贬损妇女人格尊严，造成了恶劣社会影响。

【调查和督促履职】

2022 年 5 月 19 日，江西省宜春市人民检察院在履职中发现上述线索，并移交江西省樟树市人民检察院（以下简称樟树市院）办理。同年 5 月 23 日，樟树市院依法以行政公益诉

65

讼立案，并调取了涉案产品生产销售、广告制作发布等证据材料，查清了案件基本事实。为准确界定涉案广告性质，检察机关委托妇科专家出具意见，专家意见认为普通洗液产品无法达到该广告宣传的效果，会误导女性对自己的身体产生错误认知。樟树市院经审查认为，根据《中华人民共和国广告法》《中华人民共和国妇女权益保障法》《中华人民共和国消费者权益保护法》等法律法规规定，樟树市市场监督管理局（以下简称樟树市市监局）具有广告监督管理、妇女权益保障、消费者权益保护等职责。

2022年6月20日，樟树市院主持召开公开听证会，邀请樟树市市监局、妇女联合会、相关公司以及人大代表、人民监督员等参加，主要围绕涉案广告的违法性、危害性以及制发检察建议的必要性进行了充分讨论，听证员一致认为该广告包含低俗、引人误解内容，损害了广大妇女权益，应当制发检察建议督促行政机关履职。听证会结束后，樟树市院向樟树市市监局公开宣告送达检察建议书，建议其依法全面履行监管职责，对发布贬低、侮辱妇女人格等违背社会良好风尚违法广告的行为及时查处，并督促企业切实消除对广大妇女造成的不良社会影响；同时，对辖区内经营单位已发布广告进行全面排查并加强对本行政区内广告的日常监管。

樟树市市监局收到检察建议后及时依法履职，对相关企业负责人进行约谈，责令涉及低俗广告的产品全网下架，并对2家涉案企业分别作出80万元、50万元的行政处罚。同时，对辖区内经营单位涉及广告发布、产品审批报备等项目进行重点检查，先后出动执法人员200余人次，检查各类日化品、医疗器械、医疗产品等经营主体300余家,共立案查处4起违法广告,责令10余家企业进行整改;向全市生产企业、广告主、广告经营者和广告发布者发出《规范商业营销宣传的提醒告诫书》,引导企业树立正确价值取向,切实做到合法经营。

办案过程中,检察机关协同行政机关持续跟进涉案企业整改进展,积极引导企业承担社会责任,相关企业已主动发起和参与多项妇女权益保障公益性活动,并捐赠245万元用于疫情防控。目前,涉案企业已主动配合整改,依法下架相关产品,并通过解聘、降薪等方式追究了20余名涉案相关人员的责任。针对案件反映的企业监管漏洞,积极开展合规建设,完善规章制度建设。江西某公司专门增设企业合规经理岗,制定完善公司宣传管理规章制度,积极适应市场化、法治化发展需要。

【典型意义】

妇女人格权受法律保护。企业发布贬损女性人格的低俗产品广告误导大众,不仅违背公序良俗,也违反相关法律规定,损害了广大女性的人格尊严与合法权益。本案中,检察机关结合专家意见、公开听证结论,依法发出诉前检察建议,督促相关职能部门依法约谈企业并责令下架相关产品,开展低俗广告专项整治活动,促进行业自律,引导企业合规发展,规范广告发布等经营行为,积极参与社会公益事业,实现了三个效果的有机统一。

新疆维吾尔自治区博尔塔拉蒙古自治州人民检察院
督促保护农村妇女土地承包经营权行政公益诉讼案

【关键词】

行政公益诉讼诉前程序　妇女财产权益　土地承包经营权　综合治理

【要旨】

针对基层政府违法收回"外嫁女"土地、侵害农村妇女土地承包经营权的情形，检察机关通过公开听证、检察建议等方式，督促基层政府及相关业务主管部门履行主体责任，通过个案办理推动类案监督，切实解决辖区内类似侵犯妇女合法权益问题。

【基本案情】

新疆维吾尔自治区博尔塔拉蒙古自治州（以下简称博州）温泉县甲镇某村村民周某兰、周某红分别于 1987 年 2 月、1989 年 1 月外嫁至博州博乐市乙镇，并将户口随迁至该镇。户籍迁出后，甲镇人民政府遂将二人承包的土地承包经营权收回（每人 7.2 亩，共计 14.4 亩），而乙镇人民政府未向周某兰、周某红分配相应土地。二人为此多次向甲镇、乙镇、温泉县农业农村部门反映归还土地承包经营权事宜，一直未得到有效解决。

【调查和督促履职】

2020 年 12 月 15 日，博州人民检察院（以下简称博州院）12309 检察服务热线接到周某兰、周某红救助申请，控申部门将案件线索移交公益诉讼检察部门办理。博州院利用一体化办案机制，将该案线索交温泉县人民检察院（以下简称温泉县院）初查。经初步查明，2020年9月3日，温泉县农业农村部门针对周某兰、周某红反映事项，认定甲镇政府依据其制定的《关于进一步深化农村改革实施"五统一"服务的意见》，收回二人土地承包经营权，违反了农村土地承包法的相关规定，并将该事项交由甲镇政府依法予以妥善处理。2021年2月8日，甲镇政府作出维持收回周某兰、周某红土地承包经营权的意见。同时，温泉县院还发现其他乡镇也存在类似情况，涉及"外嫁女"百余人。2021年11月26日，经报上级检察机关同意，博州院针对上述可能侵害农村妇女土地承包经营权的情形以行政公益诉讼立案办理。

2021年12月13日，博州院组织博州和温泉县两级农业农村局、温泉县人民政府、甲镇政府、乙镇政府召开公开听证会，并邀请博州人大代表、人民监督员参加，博州纪委监委、妇女联合会（以下简称妇联）、司法局、信访局等部门列席。听证会上，博州妇联表示，妇女和男子享有平等的权利，"外嫁女"的土地承包经营权应予以保护。博州纪委监委表示，行政机关应依法行政，不能因为案涉问题涉及面广、涉及人数众多就久拖不决，损害当事人合法权益。人大代表认为，检察机关召开听证会非常有必要，对职能部门未能依法履职的情形应当依法监督。经听证代表合议，一致认为收回"外嫁女"土地承包经营权的行为侵害了妇女的合法权益，应予纠正。听证会结束后，博州院分别向甲镇政府、博州农业农村局发出诉前检察建议，建议甲镇政府纠正违法行为；建议博州农业农村局开展专项调查，对辖区内类似情况全面摸排，并加强与相关职能部门沟通协调，解决类似历史遗留问题，做好妇女权益保护工作。

收到检察建议后，博州农业农村局、甲镇政府积极履职，并及时与当事人沟通协商。在双方当事人的申请下，检察机关分别于 2021 年 12 月 17 日和 27 日组织两次案件协调会，推动解决周某兰、周某红反映问题。博州农业农村局开展专项调查，经全面摸排分析，决定将类似问题引导启动仲裁程序。经协商，甲镇政府返还周某兰、周某红原一轮承包土地，并逐年支付该土地统一发包的承包费用，期间土地由甲镇某村实行规模化连片经营管理，周某兰、周某红享有土地的收益和流转等权益。同时，甲镇政府废止《关于进一步深化农村改革实施"五统一"服务的意见》。

【典型意义】

《中华人民共和国妇女权益保障法》《中华人民共和国农村土地承包法》明确规定，妇女依法平等享有承包土地的各项权益，任何村（居）民自治条例、决议等地方性政策规定，都应当依法制定，不得违法剥夺妇女合法权益。本案中，周某兰、周某红等"外嫁女"在未获得嫁入地分配土地之前，原户籍地基层政府收回土地承包经营权的行为，侵害了妇女的合法权益。检察机关依法能动履职，以公开听证、检察建议、沟通协商等方式督促地方政府及相关部门依法履职，对涉及的地方政府规范性文件予以废止，并推动了区域内同类问题的综合治理，起到了办理一案、治理一片的效果，有效维护了农村妇女合法权益。

江苏省宝应县人民检察院督促落实
涉家庭暴力妇女强制报告行政公益诉讼案

【关键词】

行政公益诉讼诉前程序　家庭暴力　妇女生命健康权益 医疗机构强制报告义务

【要旨】

针对医疗机构未履行发现民事行为能力受限妇女遭受或 疑似遭受家庭暴力的报案义务，且行政机关存在监管缺失， 致使受家暴妇女权益被侵害的情形，检察机关可以积极稳妥 开展公益诉讼，督促、协同相关责任主体履职尽责，推动构 建联防联动的涉家庭暴力妇女保护体系。

【基本案情】

2020 年 6 月 24 日，江苏省宝应县金某某亲属至宝应县妇 女联合会（以下简称妇联）反映，称金某某（智力残疾四 级）被丈夫郝某某殴打致伤。医疗机构就诊证明显示：金某 某受暴力后全身多处瘀斑、肿胀，诊断病情为"多发性击打 伤"。经初步了解，接诊医院发现残障妇女遭受暴力殴打而未 报警。进一步调研发现，县域近87%的医疗机构未落实强制 报告制度，行政机关监管不到位。

【调查和督促履职】

2021 年 11 月，江苏省宝应县人民检察院（以下简称宝 应县院）与县妇联共同开展"消除对妇女家暴、维护妇女权 益"专项行动，采用综合调研、数据对比等方式，查阅全县近三年涉妇女家暴样本 1000 余份，发现存在公安机关处理警情不到位、卫生部门监管不严等问题，排查出"金某某疑遭家暴"等 3 条重点线索。宝应县院研判后认为，应当发挥检察监督职能作用，督促相关责任主体依法履职。2021 年 11 月 11 日，宝应县院与公安机关进行磋商，促成其对相关施暴者批评教育或出具告诫书。

宝应县院进一步核查发现，金某某有智力残疾，就诊时医务人员已诊断其因暴力导致多发性击打伤，但医疗机构及人员未履行《中华人民共和国反家庭暴力法》等法律规定的报告义务。检察机关经审查认为，县域内多数医疗机构均不知悉对此类情形负有强制报告义务，宝应县卫生健康委员会（以下简称县卫健委）负有监管职责却未采取有效监管措施，侵害了妇女合法权益。2022 年 2 月 24 日，宝应县院决定以行政公益诉讼立案。

2022 年 3 月 1 日，宝应县院向县卫健委发出诉前检察建议，建议其履行监督管理职责，依据《中华人民共和国反家庭暴力法》第十四条、《江苏省反家庭暴力条例》第二十五条等规定，对涉案医疗机构及医务人员作出相应处理，组织开展专题教育培训和考核检查；建立健全全县医疗机构受家暴妇女接诊处置强制报告工作流程；加强与相关责任单位协作配合，完善联动保护工作机制。

县卫健委收到检察建议后高度重视，立即开展强制报告制度执行情况专项督查，对强制报告执行不力情况予以通报并约谈相关人员；开展类案研判，出台《医疗机构实施侵害未成年人案件和妇女遭受家暴案件强制报告制度工作流程》，并对全县医护人员进行专题培训；召开落实"强制报告"机制圆桌会议，协同宝应县院、妇联、公安、民政等部门，搭建线索移送、信息共享、进度通报、结果汇总的工作平台，覆盖全县19家公立医疗机构、13家民营医疗机构及责任单位。

为进一步强化相关责任主体履职意识，完善反家暴治理机制，宝应县院联合县监察委员会、法院、公安、卫健委、妇联等部门出台《关于在消除对妇女家暴维护妇女权益工作中加强协作的实施意见》，构建受家暴妇女权益一体化保护联盟。同时，针对在跟进监督过程中发现金某某患有智力残疾、离婚后家庭十分困难的情况，宝应县院依据《江苏省反家庭暴力条例》的规定，及时发放司法救助金3000元；针对发现的因政策信息渠道闭塞导致残疾人不能及时享受国家、地方救助的问题，宝应县院与县残疾人联合会、民政等部门沟通，建议开展专项排查。促成责任部门将金某某纳入困难残疾人生活补贴对象，每月发放补贴148元。

【典型意义】

家庭暴力是"社会公害"，需要协同共治。本案中，检察机关加强与妇联协作配合，以个案线索为突破口，通过公益诉讼诉前检察建议，督促行政机关依法履职并落实发现民事行为能力受限妇女遭受或疑似遭受家庭暴力时的强制报告制度。针对地方反家暴治理机制"碎片化"现状，检察机关争取地方党委领导、政府支持，推动建立多职能部门联动协作机制，体现了公益诉讼检察凝聚各方合力、促进系统治理的独特制度价值。

广东省清远市清城区人民检察院督促
加强反家庭暴力联动履职行政公益诉讼案

【关键词】

行政公益诉讼诉前程序　家庭暴力　妇女生命健康权益
磋商　溯源治理

【要旨】

针对个案中反映出有关部门在开展反家庭暴力工作中惩处、协作等方面的不足，检察机关通过构建上下联动、内外协同的公益诉讼一体化办案格局，灵活采用磋商等办案方式，督促协同相关职能部门依法联动履职，切实保障涉家庭暴力妇女的生命健康权等合法权益。

【基本案情】

2021年9月以来，广东省清远市清城区无业人员李某（化名）因索要钱财未果，多次殴打妻子马某（化名），并通过摔马某手机等方式威胁马某不许向他人求助。马某曾以报警、联系社工等方式向有关部门求助，但有关部门未充分告知其救济途径和权利，对李某以劝解、口头警告为主。马某因长期受到李某的威胁和殴打，为躲避家暴曾与三个女儿短暂露宿街头，身心遭受较大伤害，其合法权益持续处于受侵害状态。

【调查和督促履职】

2022年3月，广东省清远市清城区人民检察院（以下简称清城区院）在履行公益诉讼检察职责中发现本案线索，经逐级请示广东省人民检察院（以下简称广东省院）同意，决定作为行政公益诉讼立案。省市县三级院坚持一体化办案，广东省院与省妇女联合会（以下简称妇联）开展座谈听取意见建议，清远市人民检察院（以下简称清远市院）制定专案推进具体方案，并指导清城区院依法开展调查。清城区院通过走访调查、询问当事人等方式，了解到马某多次向有关部门求助，但有关部门未严格执行《中华人民共和国反家庭暴力法》《广东省实施〈中华人民共和国反家庭暴力法〉办法》的相关规定，没有全面依法收集证据，权利告知不充分，联动单位未及时通报、转介、跟进，基层组织未及时排查上报，采取的制约措施力度不足。同时，清城区院通过走访法院、教育、民政、司法、妇联、公安等单位，进一步调查核实辖区内家暴案件情况及相关职能部门履职情况，发现当地存在制发家暴告诫书、给予行政或刑事处罚的案件数量相对偏少，在联动履行反家庭暴力惩处、服务、宣传、监督等职能方面存在堵点，家庭暴力预防工作存在漏洞，以妇女为主的家暴受害人权益保障不充分等问题。

2022 年 7 月 20 日，在前期调查的基础上，清远市院、清城区院组织清城区法院、教育、民政、司法、妇联、公安等单位，召开行政公益诉讼案件磋商座谈会，邀请人民监督员代表参会并发表意见。会议明确了各参会单位的职责分工，对 10 项加强联动的具体举措达成共识。随后，清城区院和区妇联牵头组织公安机关、属地政府工作人员，上门听取马某诉求，共同协调处置方案。公安机关重新跟进并全面收集家暴证据，依法对施暴者予以训诫，民政部门安排社工对受害人进行心理辅导，清城区院联合区妇联对马某母女实施司法救助。目前，马某一家已回归平静生活，李某与其共同经营水果摊，未再发生家暴事件。

为进一步深化办案效果、建立长效机制，清远市院与市妇联签订妇女权益保障公益诉讼协作机制，清城区院和区妇联牵头组织相关单位举办反家庭暴力妇女权益保障联动履职沙龙。清城区妇儿工委牵头完成了《清城区家庭暴力案件处置工作联动机制》的修订工作，搭建了法院等 7 个单位的联动履职信息共享平台；清远市公安局清城分局出台了处置家庭暴力警情工作规范和反家庭暴力"九个一"工作方案。清城区妇联牵头各职能部门完善反家庭暴力工作实施方案，建立集预防、处置、救助为一体的家暴案件绿色通道。

【典型意义】

妇女是家庭暴力的主要受害群体之一。《国家人权行动计划（2021-2025 年）》明确提出，对不履行预防和制止家庭暴力职责等侵害不特定多数妇女合法权益、损害社会公共利益的行为，检察机关可以发出检察建议或提起公益诉讼。本案中，针对当地反家庭暴力工作存在的"九龙治水"问题，检察机关探索通过公益诉讼以"我管"促"都管"，主动与妇联组织加强协作，共同推动相关职能部门联动履职，促进形成整体联动、齐抓共管的反家庭暴力工作格局，营造了全社会反家庭暴力、维护妇女权益的良好氛围。

浙江省嘉善县人民检察院督促
保护妇女隐私权益行政公益诉讼案

【关键词】

行政公益诉讼诉前程序　公共场所　妇女隐私权益　公开听证　跟进监督

【要旨】

针对公共场所中更衣室、卫生间等私密区域违法安装监控设备，侵犯妇女隐私权益的问题，检察机关依法履行公益诉讼检察职能，运用公开听证、检察建议、联席会议等方式，开展全过程、跟进式监督，建立常态化协作机制，深入推进公共场所妇女隐私权益专项保护，织密织牢妇女合法权益防护网。

【基本案情】

2013年至2022年3月，浙江省嘉善县某公司在女性员工不知情的情况下，在女更衣室内安装监控摄像头，并通过公共大厅监控显示屏实时显示更衣画面。因监控摄像头安装在更衣室角落隐蔽处，部分女性员工就职时间较短未及发现便已离职，部分女性员工心存顾虑选择沉默，负有监管责任的行政机关在日常检查中更多关注场所公共安全。近十年间，公司数百名女性员工更衣过程被摄像头拍摄记录并在公共区域显示，严重侵犯妇女隐私权。

【调查核实和督促履职】

2022年2月，浙江省嘉善县人民检察院（以下简称嘉善县院）在办理杨某某涉嫌盗窃案中发现，作为证据移送的视听资料来源于嘉善某公司安装在女性员工更衣室内的视频监控。该院公益诉讼检察部门收到线索后立即开展调查，经调查查明，该公司于2013年将带有储物功能的房间用作女性员工更衣室，因员工流动性较大，出于治安安全考虑，在未事先征得女性员工同意的情况下，在该更衣室角落处安装了监控摄像头，事后亦未告知女性员工。该视频监控画面与其他开放区域的监控画面均在人流量较大的休息大厅显示屏上实时切换显示，女性更衣全过程被清晰记录，妇女隐私权持续受到侵害。另调查发现，辖区内多处公共场所均未将监控设置情况进行备案，相关职能部门对公共场所监控设备安装管理存在监管盲区。

2022年3月4日，嘉善县院召开公开听证会，邀请公安机关、文旅部门等相关部门代表，以及人大代表、政协委员等5名听证员，就公共场所妇女隐私权保护中行政主管部门职责划分、检察监督依据、如何跟进监督等问题开展讨论。听证员一致认为，在女性私密更衣场所安装监控的行为已严重侵害妇女合法权益，行政主管部门需加强常态化监管，检察机关有必要跟进监督。同日，嘉善县院向相关行政机关制发诉前检察建议，督促其对辖区内公共场所中涉及个人私密活动的区域进行排查，同时建议由相关部门明确向社会公布禁止安装监控设备的场所和区域，杜绝类似违法行为再次发生。

2022年4月29日，相关行政机关作出书面回复，表示已按照检察建议内容依法履职，拆除涉案公司违法监控摄像设备，并对县域范围内所有公共场所监控设备安装情况开展了为期两周的专项检查。6月2日，嘉善县院牵头县妇女联合会（以下简称妇联）、县总工会、县公安局等十部门召开全县妇女权益保护工作联席会议，对县域内80余处公共场所妇女隐私权益保护情况开展"回头看"，发现侵犯隐私权线索2条，均及时移送行政机关查处，实现了以点带面、全面监督的效果。6月9日，嘉善县院与县妇联会签《关于建立公益诉讼配合协作机制》，构建信息共享、线索移送等八个方面妇女权益协作保护体系，实现专业化办案与社会保护的有效衔接。

【典型意义】

随着社会管理数字化、智能化水平的提升，企业、商场等公共场所安装监控设备的情况已十分普遍，公共场所隐私权益问题日益受到关注和重视。本案中，检察机关主动关注妇女权益保护的盲点和难点，精准把握"公共安全"与"隐私权保护"之间的平衡点，充分发挥行政公益诉讼诉前检察建议等职能作用，督促相关部门依法履职尽责。同时，注重整合人大代表、政协委员、行政机关、社会组织等多方面力量，全方位促进公共场所妇女隐私权益保护协同共治，切实增强广大妇女的幸福感、安全感。

2. 最高人民法院发布侵犯妇女儿童权益犯罪典型案例①

案例一：

马友祥、熊金义拐卖妇女案

【基本案情】

2013年10月底的一天，被告人马友祥等人经被告人熊金义介绍，将被拐骗至云南省境内的越南籍妇女黄某以6.26万元的价格卖给安徽省宣城市的高张俊为妻，熊金义分得"介绍费"1万元。2013年11月至2014年2月，马友祥经熊金义介绍，伙同刘美英（同案被告人，已判刑）等人先后将被拐骗至云南省境内的越南籍妇女崇某某、麻某某、黄某某，以5.6万元至7.6万元不等的价格，分别卖给安徽省宣城市的管军、王鹏、吴新蕾为妻。熊金义于2011年至2012年另参与介绍拐卖越南籍妇女3人。

【裁判结果】

法院经审理认为，被告人马友祥、熊金义等人以出卖为目的，贩卖被拐骗的妇女，其行为均已构成拐卖妇女罪。在共同犯罪中，马友祥起主要作用，系主犯。熊金义起次要作用，系从犯，可依法减轻处罚。依照刑法有关规定，以拐卖妇女罪判处被告人马友祥有期徒刑十一年零九个月，并处罚

---

① https：//www. court. gov. cn/zixun-xiangqing-17512. html，最后访问日期：2023年2月23日。

金人民币六万元；以拐卖妇女罪判处被告人熊金义有期徒刑七年零九个月，并处罚金人民币三万元。

【典型意义】

随着我国与周边国家交往的增多，一些不法分子与境外人员相勾结，从事拐卖外籍妇女犯罪活动，严重侵犯妇女的人身自由权利与人格尊严，影响我国的国际形象。本案被告人马友祥伙同被告人熊金义，将多名越南籍妇女卖给他人为妻，人民法院根据各被告人的犯罪事实、情节、危害后果及其在共同犯罪中的地位、作用，分别判处相应刑罚，彰显了我国司法坚持平等保护各国在华妇女、儿童的人身权益，坚决从严惩治一切拐卖犯罪的决心。

案例二：

施美丽故意杀人案

【基本案情】

被告人施美丽与被害人张惠昌系夫妻关系。张惠昌经常无故打骂施美丽，施美丽2012年即曾为此报警。2014年5月19日19时许，张惠昌又因琐事持续辱骂及殴打施美丽，并将家中的手机等物品砸坏。次日5时30分许，施美丽因长期遭张惠昌打骂，心生怨恨，遂起杀害张惠昌之念。施美丽趁张惠昌熟睡，持家中一把铁榔头击打张惠昌左侧头部、面部数下，见张惠昌头部出血后，让居住于同幢楼的其子张雷拨打"120"抢救。后施美丽随同亲友将张惠昌送医院抢救无效死亡。案发后，施美丽主动向公安机关投案自首。

【裁判结果】

法院经审理认为，被告人施美丽持械故意杀害其丈夫张惠昌，其行为已构成故意杀人罪，依法应予惩处。施美丽因不堪忍受张惠昌的长期家庭暴力而产生杀人故意，事发前张惠昌为家庭琐事又长时间辱骂、殴打施美丽，张惠昌对引发本案存在重大过错，施美丽在发现张惠昌头部出血后，主动将张送医院抢救，其故意杀人情节较轻，可酌情从轻处罚；案发后主动投案自首，依法可从轻处罚。依照刑法和有关规定，以故意杀人罪判处被告人施美丽有期徒刑四年。

【典型意义】

本案系遭受家庭暴力的妇女"以暴制暴"致施暴人死亡的典型案件。根据最高人民法院、最高人民检察院、公安部、司法部《关于依法办理家庭暴力犯罪案件的意见》的规定，对于因遭受严重家庭暴力，身体、精神受到重大损害而故意杀害施暴人；或者因不堪忍受长期家庭暴力而故意杀害施暴人，犯罪情节不是特别恶劣，手段不是特别残忍的，可以认定为刑法第二百三十二条规定的故意杀人"情节较轻"。本案中，人民法院综合考虑被害人在案发前实施家暴、存在重大过错，以及案发后被告人有自首情节，积极参与抢救，主观恶性和人身危险性相对较小等因素，对被告人从宽处罚，较好体现了宽严相济的刑事政策。

案例三：

黄泽学强奸案

【基本案情】

2003年冬季至2014年期间，被告人黄泽学以金钱引诱、殴打、威胁等方式，多次对其继女晋某甲（被害人，1990年出生）、晋某乙（被害人，1992年出生）、晋某丙（被害人，1995年出生）进行奸淫。晋某乙住校读书期间，黄泽学还发手机短信到晋某乙同学的手机上，威胁晋某乙必须回家与其继续发生性关系。2014年5月的一天，黄泽学授意其亲生女儿诱骗女同学晋某某（2001年10月出生）留宿其家，趁晋某某睡觉时欲强奸晋某某，遭晋某某反抗并提出要回家而未遂。

【裁判结果】

法院经审理认为，被告人黄泽学采取暴力、威胁等手段长期对3名不满14周岁的继女实施奸淫，强奸未满14周岁的晋某某未遂的行为，均已构成强奸罪，应依法从重处罚。黄泽学犯罪情节特别恶劣，后果特别严重，依照刑法有关规定，以强奸罪判处被告人黄泽学无期徒刑，剥夺政治权利终身。

【典型意义】

本案是一起继父强奸年幼继女的典型案件。根据我国刑法规定，奸淫不满14周岁的幼女的，以强奸论，从重处罚。这种发生在家庭内部的性侵行为，具有高度隐蔽性，被害人往往被长期侵犯而不被发现，其身心遭到巨大损害。不仅如此，这种行为也严重破坏了社会、家庭的基本伦理道德观。

鉴此，最高人民法院、最高人民检察院、公安部、司法部联合发布的《关于依法惩治性侵害未成年人犯罪的意见》中规定，对未成年人负有监护职责的人员及与未成年人有共同家庭生活关系的人员实施强奸的，更要从严惩处。本案被告人黄泽学身为三名年幼被害人的继父，利用与被害人共同生活的便利条件，在长达十余年时间内多次对被害人实施奸淫，不仅严重侵害了被害人身心健康，更是严重违反了社会人伦，社会危害极大，影响极其恶劣，最终受到法律的严惩。本案的发生，给未成年人及其监护人或近亲属一个警示，应提高防范性侵的意识和能力，发现犯罪后，要勇于揭露、制止犯罪，防止因一味沉默忍让而致不法分子得寸进尺，致使遭受更大伤害。同时，社会、学校也要加强对未成年人防范各种侵害的意识教育。根据反家庭暴力法的规定，学校发现未成年人遭受家庭成员侵害的，有义务向公安机关报警。

案例四：

李征琴故意伤害案

【基本案情】

被告人李征琴与施某甲于 2010 年登记结婚，婚前双方各有一女，2012 年下半年，李征琴夫妇将李征琴表妹张某某之子被害人施某某（男，案发时 8 周岁）从安徽省带至江苏省南京市抚养，施某某自此即处于李征琴的实际监护之下。2013 年 6 月，李征琴夫妇至民政局办理了收养施某某的手续。2015 年 3 月 31 日晚，李征琴因认为施某某撒谎，在其家中先后使用竹制"抓痒耙"、塑料制"跳绳"对施某某进行抽打，造成施某某体表 150 余处挫伤。经法医鉴定，施某某躯干、四肢等部位挫伤面积为体表面积的 10%，其所受损伤已构成轻伤一级。案发后，施某某的生父母与李征琴达成和解协议，并对李征琴的行为表示谅解。

【裁判结果】

法院认为，被告人李征琴故意伤害被害人施某某的身体，造成施某某轻伤一级的严重后果，其行为已构成故意伤害罪。案发后，李征琴经公安机关通知后主动到案，如实供述主要罪行，构成自首，依法可以从轻处罚；取得被害人施某某及其生父母的谅解，酌情可以从轻处罚。依照刑法有关规定，以故意伤害罪判处被告人李征琴有期徒刑六个月。

【典型意义】

本案是一起对未成年人进行管教过程中因方式、手段不当触犯刑法的典型案例。未成年人的父母或其他监护人依法对未成年人有抚养教育的权利和义务，但未成年人并非任何人的私有财产，其人格尊严、生命健康等基本权利不应受任何非法侵害，父母或其他监护人对未成年人进行管教亦不得超越法律边界。国家作为未成年人的最终监护人，有权力也有责任对侵害未成年人合法权益的行为进行监督、干预。本案中，被告人虽系出于对被害人的关心、教育，但其以暴力手段侵害了被害人的身心健康，造成严重后果，已构成犯罪，应受到国家法律的惩处。本案发生后，为了实现对未成年被害人的特殊、优先保护，相关部门已为被害人提供了基本的住房、生活和教育保障。

3. 最高人民法院发布惩治拐卖妇女儿童犯罪典型案例^①

一、蓝树山拐卖妇女、儿童案

（一）基本案情

1988年9月，被告人蓝树山伙同同案被告人谭汝喜（已判刑）等人在广西壮族自治区南宁市，将被害人向某某（女，时年22岁）拐带至福建省大田县，经林传溪（另案处理，已判刑）等人介绍，将向某某出卖。1989年6月，蓝树山伙同黄日旭（另案处理，已判刑），经"邓八"（在逃）介绍，将被害人廖某（男，时年1岁）从广西壮族自治区宾阳县拐带至大田县，经林传溪介绍，将廖某出卖。此后至2008年间，蓝树山采取类似手段，单独或伙同他人在广西宾阳县、巴马县等12个县，钦州市、凭祥市、贵港市、河池市等地，先后将被害人韦某某、黄某某等33名3至10岁男童拐带至福建省大田县、永春县，经林传溪、苏二妹（另案处理，已判刑）和同案被告人郭传贴、涂文仕、陈建东（均已判刑）等人介绍，将其出卖。蓝树山拐卖妇女、儿童，非法获利共计50余万元。

（二）裁判结果

广西壮族自治区河池市中级人民法院经审理认为，蓝树山为牟取非法利益，拐卖妇女、儿童，其行为已构成拐卖妇

① https：//www.court.gov.cn/zixun-xiangqing-13549.html，最后访问日期：2023年2月23日。

女、儿童罪。虽然蓝树山归案后坦白认罪，但其拐卖妇女、儿童人数多，时间长，主观恶性极深，社会危害极大，情节特别严重，不足以从轻处罚。依照刑法有关规定，以拐卖妇女、儿童罪判处被告人蓝树山死刑，剥夺政治权利终身，并处没收个人全部财产。宣判后，蓝树山提出上诉。广西壮族自治区高级人民法院经依法审理，裁定驳回上诉，维持原判，并依法报请最高人民法院复核。最高人民法院经依法复核，核准蓝树山死刑。罪犯蓝树山已于近日被执行死刑。

（三）典型意义

对于拐卖妇女、儿童犯罪，我国司法机关历来坚持从严惩治的方针，其中，偷盗、强抢、拐骗儿童予以出卖，造成许多家庭骨肉分离，对被拐儿童及其家庭造成巨大精神伤害与痛苦，在社会上易引发恐慌情绪，危害极大，更是从严惩治的重点。本案中，被告人蓝树山拐卖妇女 1 人，拐骗儿童 34 人予以出卖，不少儿童被拐 10 多年后才得以解救，回到亲生父母身边。众多家长为寻找被拐儿童耗费大量时间、金钱和精力，其中有 1 名被拐儿童亲属因伤心过度去世。综合考虑，蓝树山所犯罪行已属极其严重，尽管有坦白部分拐卖事实的从轻处罚情节，法院对其亦不予从轻处罚。

二、马守庆拐卖儿童案

（一）基本案情

2006 年至 2008 年，被告人马守庆伙同被告人宋玉翠、宋玉红、宋空军（均已判刑）等人，以出卖为目的，向侯会华、侯树芬、师江芬、师小丽（均另案处理，已判刑）等人从云南省元江县等地收买儿童，贩卖至江苏省连云港市、山东省临沂市等地。其中马守庆作案27起，参与拐卖儿童37人，其中1名女婴在从云南到连云港的运输途中死亡。马守庆与宋玉翠、宋玉红、宋空军共同实施部分犯罪，在其中起组织、指挥等主要作用。案发后，公安机关追回马守庆等人的犯罪所得22.6万元。

（二）裁判结果

江苏省连云港市中级人民法院经审理认为，马守庆以出卖为目的拐卖儿童，其行为已构成拐卖儿童罪。马守庆参与拐卖儿童37人，犯罪情节特别严重，且系主犯，应依法惩处。据此，依照刑法有关规定，以拐卖儿童罪判处被告人马守庆死刑，剥夺政治权利终身，并处没收个人全部财产。宣判后，马守庆提出上诉。江苏省高级人民法院经依法审理，裁定驳回上诉，维持原判。最高人民法院经依法复核，核准马守庆死刑。罪犯马守庆已被依法执行死刑。

（三）典型意义

本案是一起由拐卖犯罪团伙实施的特大贩婴案件。本案犯罪时间跨度长，被拐儿童人数多达37人，且均是婴儿。在收买、贩卖、运输、出卖婴儿的诸多环节，"人贩子"视婴儿为商品，缺少必要的关爱、照料；有的采取给婴儿灌服安眠药、用塑料袋、行李箱盛装运输等恶劣手段，极易导致婴儿窒息伤残或者死亡，本案中即有1名婴儿在被贩运途中死亡。实践中，不法分子在贩运途中遗弃病婴的情形亦有发生。人民法院综合考虑马守庆拐卖儿童的犯罪事实、性质、情节和危害后果，对其依法判处死刑，符合罪责刑相一致原则。

三、孙同山拐卖儿童案

（一）基本案情

2004年10月至2012年1月，被告人孙同山伙同张祖斌、田学良等17名被告人（均已判刑）以出卖为目的，通过居间介绍或强抢等方式，贩卖婴儿共计14人。

（二）裁判结果

山东省潍坊市中级人民法院经审理认为，孙同山以出卖为目的，居间介绍贩卖儿童7人，强抢儿童并贩卖7人（1名婴儿系从亲生父母处强抢，其余6名系从同案被告人处抢得），其行为已构成拐卖儿童罪。孙同山归案后主动供述了公安机关尚未掌握的部分罪行，并有协助公安机关抓获同案犯的立功表现，可予以从轻处罚。依照刑法等有关规定，以拐卖儿童罪判处被告人孙同山无期徒刑，剥夺政治权利终身，并处没收个人全部财产；对其他17名被告人分别判处十五年至一年六个月不等有期徒刑。宣判后，孙同山提出上诉。山东省高级人民法院经依法审理，裁定驳回上诉，维持原判。

（三）典型意义

本案是一起交叉结伙贩卖儿童的共同犯罪案件，涉案人数众多，且互相介绍、互为依托、共享信息，使该团伙的拐卖"供需"网络不断扩大，买卖双方"交易"成功率上升，导致买卖地拐卖儿童案件高发，社会危害性极大，且容易滋生新的犯罪。特别是本案被告人不仅通过收买后贩卖的方式作案，在拐卖团伙发展壮大到一定程度后，逐渐出现强抢儿童予以贩卖的现象。犯罪分子不仅从"人贩子"手中强抢婴儿，亦从亲生父母手中强抢，社会危害性及人身危险性进一步升级。因此，在加大对此类犯罪团伙打击力度的同时，应加大宣传力度，提高父母的安全防范意识，不给犯罪分子以可乘之机。

四、邢小强拐卖儿童案

（一）基本案情

2011年9月，被告人邢小强的妻子陈某怀孕，经检查是一对双胞胎。邢小强想将孩子卖掉，后经他人居间介绍，约定孩子出生后，以2.5万元的价格卖给婚后未生育的石某某、龙某某夫妇。同年12月19日，陈某生下一对双胞胎男婴，邢小强即将两个孩子抱走，交给龙某某，得款2万余元。

2012年12月，陈某再次怀孕。被告人邢小强还想将孩子卖掉，主动找人介绍，寻找买家。经联系，约定若是男婴，便以1万元的价格卖给婚后未生育的孔某某、党某某夫妇。2013年1月，陈某生下一名男婴。邢小强让孔某某的父亲将小孩抱走，得款1万元。

（二）裁判结果

湖北省枣阳市人民法院经审理认为，邢小强以非法获利为目的出卖3名亲生儿子，其行为已构成拐卖儿童罪。邢小强经人居间介绍，出卖亲生儿子，在共同拐卖儿童犯罪中起主要作用，系主犯，归案后如实供述自己的犯罪事实，认罪态度较好，可酌情从轻处罚。依照刑法有关规定，以拐卖儿童罪判处被告人邢小强有期徒刑十年，并处罚金人民币一万元。本案居间介绍的其他多名同案被告人，均以拐卖儿童罪分别判处五年至二年不等有期徒刑，或者被宣告缓刑、免予刑事处罚。

（三）典型意义

本案是一起以非法获利为目的出卖亲生子女构成拐卖儿童罪的典型案例。当前，在司法机关严厉打击下，采取绑架、抢夺、偷盗、拐骗等手段控制儿童后进行贩卖的案件明显下降，一些父母出卖、遗弃婴儿，以及"人贩子"收买婴儿贩卖的现象仍多发高发。对于父母将子女私自送给他人收取钱财的案件，如果行为人具有非法获利的目的，就应该以拐卖儿童罪论处。本案中，被告人邢小强先后两次将3名亲生儿子卖给他人，且均是在孩子出生之前即主动表示要卖出孩子，联系居间介绍人要求帮助寻找买家，并且明码标价，收取数额较高的钱财，孩子出生后即按事先约定将孩子卖出。根据上述事实与情节，足以认定邢小强并非因生活困难、无力抚养才被迫将孩子送养，而是将孩子作为商品，将生孩子出卖作为牟利手段来获取非法利益。人民法院据此认定邢小强的行为构成拐卖儿童罪，对参与犯罪的居间介绍人，根据各自地位、作用、责任大小，分别判处轻重不等的刑罚，体现了人民法院对于以非法获利为目的出卖亲生子女犯罪坚决依法惩处的鲜明态度。

五、王宁宁拐卖儿童案

（一）基本案情

2010年11月、2013年12月，被告人王宁宁以收养为名，先后通过互联网联系3名未婚先孕且不想抚养孩子的妇女到山东省临邑县待产。3名妇女产子后，王宁宁单独或伙同周长峰、邵金环（均系同案被告人，已判刑）将3名男婴分别以每名儿童3万余元至4万余元的价格卖给他人。

（二）裁判结果

山东省临邑县人民法院经审理认为，王宁宁以收养为名，将从亲生父母处骗来的婴儿出卖，其行为已构成拐卖儿童罪。王宁宁拐卖儿童3人，应依法惩处。鉴于其归案后认罪态度较好，依法可酌情从轻处罚。依照刑法有关规定，以拐卖儿童罪判处被告人王宁宁有期徒刑十年，并处罚金人民币二万元。

（三）典型意义

本案是一起利用孕妇并通过互联网贩卖婴儿的典型案例。近年来，随着打击力度的加大，不法分子不断变换手法，采取更为隐蔽的方式实施拐卖犯罪。比如，事先联系好"买主"，物色、组织孕妇到"买主"所在地，待孕妇临产后即将其所生子女出卖获利，以此逃避长途贩卖、运输婴儿过程中被查缉的风险。此类犯罪手段的变化已引起司法机关的关注，本案的依法审理，是对犯罪行为的有力震慑。

六、杨恩光、李文建等拐卖妇女案

（一）基本案情

被告人杨恩光、李文建伙同田沈忠、张兴祥、李春飞等人（均系同案被告人，已判刑），先后以嫖娼为名，在云南省河口县一些宾馆、酒店，采用暴力手段，强行将越南籍妇女被害人阮某桃、阮某恒等17人带至云南省富宁县、砚山县、广南县、马关县等地，通过赵阿林、何万周（均系同案被告人，已判刑）等联系，转卖给当地村民。其中，杨恩光参与作案6起，拐卖妇女12人，李文建参与作案7起，拐卖妇女14人。

（二）裁判结果

云南省红河哈尼族彝族自治州中级人民法院经审理认为，杨恩光、李文建等人采用暴力、胁迫的方式绑架妇女后出卖，其行为构成拐卖妇女罪，均应依法惩处。在共同犯罪中，杨恩光、李文建提起犯意，具体负责联系买家交易及分配赃款，起主要作用，系主犯。杨恩光系累犯，应从重处罚。依照刑法有关规定，以拐卖妇女罪分别判处被告人杨恩光、李文建死刑，缓期二年执行，剥夺政治权利终身，并处没收个人全部财产；以拐卖妇女罪分别判处田沈忠、张兴祥、李春飞等人无期徒刑，剥夺政治权利终身，并处没收个人全部财产；其他同案被告人分别被判处十五年至四年不等有期徒刑，并处没收个人全部财产或罚金。宣判后，杨恩光、李文建提出上诉。云南省高级人民法院经依法审理，裁定驳回上诉，维持原判。

（三）典型意义

本案被害人身份特殊，均系越南籍妇女，且多数在我国境内从事卖淫活动，本属依法整顿治理的对象，但被害人的特殊身份并不影响我国司法机关对拐卖妇女涉案人员的定罪量刑。本案两名被告人被判处死缓，三名被告人被判处无期徒刑，彰显了我国司法机关依法严厉打击、遏制一切形式拐卖妇女犯罪的决心。案发后，我国司法机关依照我国缔结和参加的有关国际条约的规定，积极履行所承担的国际义务，将被解救妇女妥善安置，并及时与有关外事部门联系，提供司法协助和司法救助，将被解救妇女全部安全地送返国籍国。

七、李侠拐卖儿童、孙泽伟收买被拐卖的儿童案

（一）基本案情

2013年5月21日20时许，被告人李侠发现左某某带领孙子陈某某（不满2周岁）和孙女在河南省开封市祥符区世纪广场玩耍，遂趁左某某不注意时将陈某某盗走。后李侠冒充陈某某的母亲，在网上发帖欲收取5万元钱将陈某某"送养"。被告人孙泽伟看到消息后与李侠联系，于5月23日见面交易。在未对李侠及陈某某的身份关系进行核实的情况下，经讨价还价，孙泽伟付给李侠4万元钱，将陈某某带至山东省菏泽市曹县家中。公安机关破案后，已将陈某某解救送还亲属。

（二）裁判结果

河南省开封市祥符区人民法院经审理认为，李侠以出卖为目的偷盗幼儿，其行为已构成拐卖儿童罪。孙泽伟收买被拐卖的儿童，其行为已构成收买被拐卖的儿童罪。依照刑法有关规定，以拐卖儿童罪判处被告人李侠有期徒刑十年，并处罚金人民币二万元；以收买被拐卖的儿童罪判处被告人孙泽伟有期徒刑七个月。

（三）典型意义

拐卖儿童造成许多家庭骨肉分离，社会危害巨大。收买被拐卖的儿童行为，客观上诱发、助长"人贩子"铤而走险实施拐卖犯罪，造成被拐儿童与家庭长期天各一方，社会危害同样不容忽视。本案中，被告人李侠偷盗幼儿出卖，法院以拐卖儿童罪对其判处有期徒刑十年，体现了依法从严惩处。作为具有正常社会阅历、经验的成年人，被告人孙泽伟应当知道李侠携带的幼童可能系被拐卖，但未对双方关系进行任何核实即对幼童陈某某予以收买，其行为已构成收买被拐卖的儿童罪。人民法院对本案"买主"依法定罪判刑，再次向社会昭示：我国法律绝不容忍任何买卖儿童行为，抱着侥幸心理收买被拐卖的儿童"抚养"，最终不仅会"人财两空"，还要受到法律制裁。

八、王尔民收买被拐卖的妇女、非法拘禁、强奸案

（一）基本案情

被告人王尔民因妻子不能生育而欲收买妇女为其生子。

2013年6月，王尔民以1万元从张正见、武仲廷（均系同案被告人，已判刑）处将被害人杨某（女，患有精神分裂症）收买回家。为防止杨某逃跑，王尔民将杨某关在家中杂物间，并用铁链锁住杨某的双脚，将杨某的一只手锁在一块大石头上。其间，王尔民多次与杨某发生性关系。同年7月12日，杨某被公安机关解救。

（二）裁判结果

江苏省睢宁县人民法院经审理认为，王尔民收买被拐卖的妇女后非法限制其自由，明知该妇女患有精神病，还多次与其发生性关系，其行为分别构成收买被拐卖的妇女罪、非法拘禁罪和强奸罪，应依法并罚。依照刑法有关规定，对王尔民以收买被拐卖的妇女罪判处有期徒刑一年六个月；以非法拘禁罪判处有期徒刑二年六个月；以强奸罪判处有期徒刑七年，决定执行有期徒刑十年。

（三）典型意义

本案是一起因收买被拐卖的妇女被判刑的典型案例。实践中，收买被拐卖的妇女不仅侵犯了妇女的人格尊严，还往往滋生出非法拘禁、强奸、伤害、侮辱等其他犯罪，严重侵犯了妇女的人身权利，社会危害不容低估，一些群众对"买主"盲目同情的错误观念亦应纠正。

4. 最高人民法院人身安全保护令十大典型案例^①

案例一

陈某申请人身安全保护令案

（一）基本案情

申请人陈某（女）与被申请人段某某系夫妻关系。双方婚后因工作原因分居，仅在周末、假日共同居住生活，婚初感情一般。段某某常为日常琐事责骂陈某，两人因言语不合即发生争吵，撕扯中互有击打行为。2017年5月5日，双方因琐事发生争吵厮打，陈某在遭段某某拳打脚踢后报警。经汉台公安分局出警处理，决定给予段某某拘留10日，并处罚款500元的行政处罚。因段某某及其父母扬言要在拘留期满后上门打击报复陈某及其父母，陈某于2017年5月17日起诉至汉中市汉台区人民法院，申请人民法院作出人身保护裁定并要求禁止段某某对其实施家庭暴力，禁止段某某骚扰、跟踪、接触其本人、父母。

（二）裁判结果

陕西省汉中市汉台区人民法院裁定：一、禁止段某某对陈某实施辱骂、殴打等形式的家庭暴力；二、禁止段某某骚扰、跟踪、接触陈某及其相关近亲属。如段某某违反上述禁

---

① https：//www.court.gov.cn/zixun－xiangqing－274801.html，最后访问日期：2023年2月23日。

令，视情节轻重处以罚款、拘留；构成犯罪的，依法追究刑事责任。

（三）典型意义

因段某某尚在拘留所被执行拘留行政处罚，汉台区人民法院依法适用简易程序进行缺席听证，发出人身安全保护令。办案法官充分认识到家庭暴力危害性的特点，抓紧时间审查证据，仔细研究案情，与陈某进行了面谈、沟通，获知她本人及其家属的现状、身体状况、人身安全等情况，准确把握针对家庭暴力的行为保全申请的审查标准，简化了审查流程，缩短了认定的时间，依法、果断作出裁定，对受暴力困扰的妇女给予了法律强而有力的正义保护。陈某为家暴受害者如何申请人身安全保护令作出了好的示范，她具有很强的法律、证据意识，在家庭暴力发生后及时报警、治疗伤情，保证自身人身安全，保存各种能够证明施暴行为和伤害后果的证据并完整地提供给法庭，使得办案法官能够快速、顺利地在申请当日作出了民事裁定，及时维护了自己的权益。

案例二

赵某申请人身安全保护令案

（一）基本案情

申请人赵某（女）与被申请人叶某系夫妻关系，因向法院提起离婚诉讼，叶某通过不定时发送大量短信、辱骂、揭露隐私及暴力恐吓等形式进行语言威胁。自叶某收到离婚诉讼案件副本后，恐吓威胁形式及内容进一步升级，短信发送频率增加，总量已近万条，内容包括"不把你全家杀了我誓不为人"、"我不把你弄死，我就对不起你这份起诉书"、"要做就做临安最惨的杀人案"等。赵某向法院申请人身安全保护令。案件受理后，因叶某不配合前往法院，承办人与叶某电话沟通。叶某在电话中承认向赵某发送过大量短信，并提及已购买刀具。

（二）裁判结果

浙江省临安市人民法院裁定：禁止叶某骚扰、跟踪、接触赵某及其父母与弟弟。

（三）典型意义

本案是一起因被申请人实施精神暴力行为而作出人身安全保护令的案件。《反家庭暴力法》第二条规定，本法所称家庭暴力，是指家庭成员之间以殴打、捆绑、残害、限制人身自由以及经常性谩骂、恐吓等方式实施的身体、精神等侵害行为。因此，被申请人虽然未实施殴打、残害等行为给申请人造成肉体上的损伤，但若以经常性谩骂、恐吓等方式实施侵害申请人精神的行为，法院亦将对其严令禁止，对申请人给予保护。

案例三

周某及子女申请人身安全保护令案

（一）基本案情

申请人周某（女）与被申请人颜某经调解离婚后，三名未成年子女均随周某生活。然而每当颜某心情不好的时候，便不管不顾地到周某家中骚扰、恐吓甚至殴打周某和三个孩子，不仅干扰了母子四人的正常生活，还给她们的身心造成了极大的伤害。周某多次报警，但效果甚微，派出所的民警们只能管得了当时，过不了几日，颜某依旧我行我素，甚至变本加厉地侵害母子四人的人身安全，连周某的亲友都躲不过。周某无奈之下带着三名子女诉至法院，请求法院责令颜某禁止殴打、威胁、骚扰、跟踪母子四人及其近亲属。

（二）裁判结果

江苏省连云港市海州区人民法院裁定：一、禁止颜某对周某及三名子女实施家庭暴力；二、禁止颜某骚扰、跟踪、接触周某母子四人及其近亲属。

（三）典型意义

本案系一起针对"离婚后家暴"发出人身安全保护令的典型案例。反家庭暴力法，顾名思义适用于家庭成员之间，现有法律对家庭成员的界定是基于血亲、姻亲和收养关系形成的法律关系。除此之外，《反家庭暴力法》第三十七条中明确规定"家庭成员以外共同生活的人之间实施的暴力行为，参照本法规定执行"，意味着监护、寄养、同居、离异等关系的人员之间发生的暴力也被纳入到家庭暴力中，受到法律约束。

案例四

李某、唐小某申请人身安全保护令、变更抚养权案

（一）基本案情

申请人李某（女）与被申请人唐某原系夫妻关系，2008

年协议离婚，婚生子唐小某由唐某抚养。唐某自2012年以来多次对唐小某实施家暴，导致唐小某全身多处经常出现瘀伤、淤血等被打痕迹，甚至一度萌生跳楼自寻短见的想法。李某得知后曾劝告唐某不能再打孩子，唐某不听，反而威胁李某，对唐小某的打骂更甚，且威胁唐小某不得将被打之事告诉外人，否则将遭受更加严厉的惩罚。李某向公安机关报案，经医院检查唐小某不但身上有伤，并且得了中度抑郁症和焦虑症。李某、唐小某共同向法院申请人身安全保护令，诉请法院依法禁止唐某继续施暴，同时李某还向法院提起了变更唐小某抚养权的诉讼。

（二）裁判结果

广西壮族自治区柳州市柳北区人民法院裁定：一、禁止唐某对李某、唐小某实施谩骂、侮辱、威胁、殴打；二、中止唐某对唐小某行使监护权和探视权。

（三）典型意义

由于法治意识的薄弱，不少家庭对孩子的教育依旧停留在"三天不打，上房揭瓦"这种落后的粗放式教育方法上，很大程度上会对孩子心智的健康发育，造成伤害且留下难以抹去的阴影。本案中，在送达人身安全保护令时，家事法官还建议警方和社区网格员，不定期回访李某、唐小某母子生活状况，及时掌握母子生活第一手资料，确保母子日常生活不再受唐某干扰。通过法院对人身安全保护令的快速作出并及时送达，派出所和社区的通力协执，及时帮助申请人恢复安全的生活环境，彰显了法院、公安、社区等多元化联动合力防治家庭暴力的坚定决心。

案例五

朱小某申请人身安全保护令案

（一）基本案情

朱小某（10 岁）与父亲朱某（被申请人）、继母徐某（被申请人）共同生活。朱某和徐某常常以"教育"的名义对朱小某进行殴打，树棍、尺子、数据线等等都成为体罚朱小某的工具。日常生活中，朱小某稍有不注意，就会被父母打骂，不管是身上还是脸上，常常旧痕未愈，又添新伤。长期处于随时面临殴打的恐惧中，朱小某身心受到严重伤害。区妇联在知悉朱小某的情况后，立即开展工作，向法院提交派出所询问笔录、走访调查材料、受伤照片等家暴证据，请求法院依法发出人身安全保护令。

（二）裁判结果

江苏省连云港市赣榆区人民法院裁定：一、禁止朱某、徐某对朱小某实施家庭暴力；二、禁止朱某、徐某威胁、控制、骚扰朱小某。

（三）典型意义

孩子是父母生命的延续，是家庭、社会和国家的未来。作为孩子的法定监护人，父母或是其他家庭成员应为孩子营造良好的成长氛围，以恰当的方式引导和教育孩子，帮助孩子树立正确的人生观和价值观。本案中，朱小某的父母动辄对其谩骂、殴打、体罚，对孩子造成严重的身心伤害，给其童年留下暴力的阴影。法院作出人身安全保护令之后，立即送达被申请人、辖区派出所、居委会及妇联，落实保护令监管事项，并专门与被申请人谈话，对其进行深刻教育，同时去医院探望正在接受治疗的朱小某。法院和妇联对朱小某的情况保持密切关注，及时进行必要的心理疏导，定期回访，督促朱某、徐某切实履行监护职责，为孩子的成长营造良好环境。

《反家庭暴力法》第二十三条第二款规定，当事人是无民事行为能力人、限制民事行为能力人，或者因受到强制、威吓等原因无法申请人身安全保护令的，其近亲属、公安机关、妇女联合会、居民委员会、村民委员会、救助管理机构可以代为申请。随着反家暴工作的不断深入，对于自救意识和求助能力欠缺的家暴受害人，妇联等职能机构代为申请人身安全保护令的案件越来越多。勇于对家暴亮剑，已经成为全社会的共同责任。法院、公安、妇联、社区等部门构建起严密的反家暴联动网络，全方位地为家庭弱势成员撑起"保护伞"。

案例六
林小某申请人身安全保护令案

（一）基本案情

申请人林小某（女）与被申请人林某系亲生父女关系，林小某从小跟随爷爷奶奶长大，从未见过母亲。后林小某转学到林某所在地读初中，平时住校，周末与林某一同居住。林小某发现林某有偷看其洗澡并抚摸其身体等性侵害行为，这对林小某的身体、心理等方面造成了严重的伤害。林小某感到害怕不安，周末就到同学家居住以躲避父亲。林某找不到林小某，便到学校威胁和发微信威胁林小某，导致其不敢

103

上晚自习。老师发现并与林小某谈话后，林小某在班主任陪同下报警，配合民警调查，并委托社工组织向法院申请人身安全保护令。

（二）裁判结果

广西壮族自治区钦州市钦北区人民法院裁定：一、禁止林某对受害人林小某实施家庭暴力；二、禁止林某骚扰、接触林小某。同时，将人身安全保护令向林小某的在校老师和班主任，林小某和林某居住地的派出所和居委会进行了送达和告知。

（三）典型意义

本案中，学校在发现和制止未成年人受到家庭暴力侵害方面发挥了重要作用。公安部门接到受害人报警后，联系了社工组织，为受害人提供心理疏导及法律救助。社工组织接到救助后，第一时间到学校了解情况，为未成年人申请人身安全保护令。法院依法签发人身安全保护令后，林小某也转学同爷爷奶奶一起生活。人民法院在审理相关案件中，主动延伸司法服务，贯彻"特殊保护、优先保护"理念，较好地维护了未成年人的合法权益。

案例七
罗某申请人身安全保护令案

（一）基本案情

申请人罗某现年68岁，从未结婚生子，在其27岁时，收养一子取名罗某某，并与其共同生活。期间，罗某某经常殴打辱骂罗某。2019年11月，因琐事，罗某某再次和罗某发生争执，并声称要杀死罗某。罗某害怕遭罗某某殴打，遂向当地村委会反应了上述情况，村委会考虑到罗某年岁已高，行动不便，且受到罗某某的威吓，村委会代罗某向法院申请人身安全保护令。

（二）裁判结果

四川省德阳市旌阳区人民法院裁定：一、禁止罗某某对罗某实施家庭暴力；二、责令罗某某搬出罗某的住所。

（三）典型意义

当事人因遭受家庭暴力或者面临家庭暴力的现实危险，向人民法院申请人身安全保护令的，人民法院应当受理。当事人是无民事行为能力人、限制民事行为能力，或者因受到强制、威吓等原因无法申请人身安全保护令的，其近亲属、公安机关、妇女联合会、居民委员会、村民委员会、救助管理机构可以代为申请。本案中，由于罗某年岁已高，行动不便，且受到罗某某的威吓，当地村委会代为申请符合上述法律规定。

案例八

吴某某申请人身安全保护令案

（一）基本案情

申请人吴某某（女）与被申请人杨某某（男）2009年相识后成为男女朋友，并居住在一起。2018年农历春节过后吴某某向杨某某提出分手，杨某某同意。2018年4、5月，杨某某开始对吴某某进行跟踪、骚扰、殴打并强行闯入吴某某的住所和工作场地，限制吴某某的人身自由，抢夺吴某某住所的钥匙、手机，在吴某某住所地张贴污蔑、辱骂、威胁吴某某的材料。吴某某多次向住所地、工作场地所在的派出所报警，杨某某在经警察教育、警告之后仍屡教不改，并且变本加厉骚扰吴某某。吴某某向法院申请人身安全保护令。

（二）裁判结果

四川省成都市成华区人民法院裁定：一、禁止杨某某对吴某某实施暴力行为；二、禁止杨某某对吴某某及其家属实施骚扰、跟踪、接触；三、禁止杨某某接近、进入吴某某的住所及工作场所。

（三）典型意义

本案是一起同居关系的一方申请人身安全保护令的案件。《反家庭暴力法》不仅预防和制止的是家庭成员之间的暴力行为，还包括家庭成员以外共同生活的人之间实施的暴力行为。同居关系中暴力受害者的人身权利应当受到法律保护，同居关系的一方若遭受家庭暴力或者面临家庭暴力的现实危险，人民法院也可依当事人申请作出人身安全保护令。

案例九

黄某违反人身安全保护令案

（一）基本案情

申请人陈某某（女）与被申请人黄某系夫妻关系。两人经常因生活琐事发生争吵，黄某多次对陈某某实施家庭暴力。

2016 年 3 月 22 日晚，黄某殴打陈某某后，陈某某报警，后经医院诊断为腰 3 右侧横突骨折。2016 年 3 月 28 日，陈某某向东兴法院提出人身保护申请，请求禁止黄某对陈某某实施家庭暴力，禁止骚扰、跟踪、威胁陈某某及其近亲属。陈某某在承办法官联系其了解受家暴情况时，表示只是想警告黄某，暂不希望人民法院发出人身安全保护令。承办法官随即通知黄某到法院接受询问，黄某承认实施家庭暴力，承认错误，并承诺不再实施家庭暴力。人民法院为预防黄某再次实施家暴，于 2016 年 5 月 19 日裁定作出人身安全保护令，并同时向黄某及其所在派出所、社区、妇联送达。后黄某违反人身安全保护令，于 2016 年 7 月 9 日晚上 20 时许和次日早晨两次对陈某某实施家庭暴力。陈某某在 2016 年 7 月 10 日（周日）早上 9 时许电话控诉被家暴事实，法官即联系城东派出所民警，派出所根据联动机制对黄某拘留五日。

（二）裁判结果

2016 年 5 月 19 日，广西壮族自治区东兴市人民法院作出（2016）桂 0681 民保令 1 号民事裁定：一、禁止黄某殴打陈某某；二、禁止黄某骚扰、跟踪、威胁陈某某及其近亲属。

（三）典型意义

如何认定存在家庭暴力行为，一是看证据是否确凿，如报警记录、信访材料、病历材料等，能充分证明家庭暴力存在的，立即裁定准许人身保护；二是通过听证或询问认定是否存在家暴行为，以便有针对性、快速地认定家暴，及时保护受家暴者及其亲属方。本案中，人民法院充分利用联动保护机制，作出人身安全保护令后，将裁定抄送给被申请人所在辖区派出所、妇委会、社区等，并保持紧密互动，互相配合，对裁定人身保护后再次出现的家暴行为进行严厉处罚。联动机制对受家暴方的紧急求助起到了关键作用。

案例十
洪某违反人身安全保护令案

（一）基本案情

申请人包某（女）与被申请人洪某原系恋人关系，双方共同居住生活。洪某在因琐事引起的争执过程中殴打包某，导致包某头皮裂伤和血肿。包某提出分手，并搬离共同居所。分手后，洪某仍然通过打电话、发微信以及到包某住所蹲守的方式对其进行骚扰。包某不堪其扰，遂报警，民警对洪某进行了批评教育。包某担心洪某继续实施家庭暴力，向法院申请人身安全保护令。重庆市巴南区人民法院依法作出人身安全保护令。洪某收到人身安全保护令后，无视禁止，继续通过打电话、发短信和微信的方式骚扰包某，威胁包某与其和好继续交往，期间发送的消息达300余条。

（二）裁判结果

重庆市巴南区人民法院决定，对洪某处以1000元罚款和15日拘留。

（三）典型意义

本案是一起典型的针对家庭暴力作出人身安全保护令和对违反人身安全保护令予以司法惩戒的案例，主要有以下几点典型意义：第一，通过作出人身安全保护令，依法保护家庭暴力受害者的合法权利，彰显了法治的应有之义。中国几千年来都有"法不入家门"的历史传统，但随着时代的更迭和进步，对妇女儿童等弱势群体的利益保护已经得到社会的普遍认可。家庭成员以外共同生活的人可以被认定为是拟制家庭成员，根据《反家庭暴力法》第三十七条的规定，家庭成员以外共同生活的人可以申请人身安全保护令。第二，依法对公然违抗法院裁判文书的行为予以惩戒，彰显了遵法守法的底线。人身安全保护令不仅仅是一纸文书，它是人民法院依法作出的具有法律效力的裁判文书，相关人员必须严格遵守，否则应承担相应的法律后果。无视人身安全保护令，公然违抗法院裁判文书的行为已经触碰司法底线，必须予以严惩。第三，通过严惩家暴行为，对施暴者起到了震慑作用，弘扬了社会文明的价值取向。"法不入家门"已经成为历史，反对家庭暴力是社会文明进步的标志。通过罚款、拘留等司法强制措施严惩违反人身安全保护令的施暴者，让反家暴不再停留在仅仅发布相关禁令的司法层面，对施暴者予以震慑，推动整个社会反家暴态势的良性发展。

附　录

中华人民共和国妇女权益保障法

（1992 年 4 月 3 日第七届全国人民代表大会第五次会议通过　根据 2005 年 8 月 28 日第十届全国人民代表大会常务委员会第十七次会议《关于修改〈中华人民共和国妇女权益保障法〉的决定》第一次修正　根据 2018 年 10 月 26 日第十三届全国人民代表大会常务委员会第六次会议《关于修改〈中华人民共和国野生动物保护法〉等十五部法律的决定》第二次修正　2022 年 10 月 30 日第十三届全国人民代表大会常务委员会第三十七次会议修订　2022 年 10 月 30 日中华人民共和国主席令第 122 号公布　自 2023 年 1 月 1 日起施行）

目　录

第一章 总 则

第一条 为了保障妇女的合法权益，促进男女平等和妇女全面发展，充分发挥妇女在全面建设社会主义现代化国家中的作用，弘扬社会主义核心价值观，根据宪法，制定本法。

第二条 男女平等是国家的基本国策。妇女在政治的、经济的、文化的、社会的和家庭的生活等各方面享有同男子平等的权利。

国家采取必要措施，促进男女平等，消除对妇女一切形式的歧视，禁止排斥、限制妇女依法享有和行使各项权益。

国家保护妇女依法享有的特殊权益。

第三条 坚持中国共产党对妇女权益保障工作的领导，建立政府主导、各方协同、社会参与的保障妇女权益工作机制。

各级人民政府应当重视和加强妇女权益的保障工作。

县级以上人民政府负责妇女儿童工作的机构，负责组织、协调、指导、督促有关部门做好妇女权益的保障工作。

县级以上人民政府有关部门在各自的职责范围内做好妇女权益的保障工作。

第四条 保障妇女的合法权益是全社会的共同责任。国家机关、社会团体、企业事业单位、基层群众性自治组织以及其他组织和个人，应当依法保障妇女的权益。

国家采取有效措施，为妇女依法行使权利提供必要的条件。

第五条 国务院制定和组织实施中国妇女发展纲要，将其纳入国民经济和社会发展规划，保障和促进妇女在各领域的全面发展。

县级以上地方各级人民政府根据中国妇女发展纲要，制定和组织实施本行政区域的妇女发展规划，将其纳入国民经济和社会发展规划。

县级以上人民政府应当将妇女权益保障所需经费列入本级预算。

第六条 中华全国妇女联合会和地方各级妇女联合会依照法律和中华全国妇女联合会章程，代表和维护各族各界妇女的利益，做好维护妇女权益、促进男女平等和妇女全面发展的工作。

工会、共产主义青年团、残疾人联合会等群团组织应当在各自的工作范围内，做好维护妇女权益的工作。

第七条 国家鼓励妇女自尊、自信、自立、自强，运用法律维护自身合法权益。

妇女应当遵守国家法律，尊重社会公德、职业道德和家庭美德，履行法律所规定的义务。

第八条 有关机关制定或者修改涉及妇女权益的法律、法规、规章和其他规范性文件，应当听取妇女联合会的意见，充分考虑妇女的特殊权益，必要时开展男女平等评估。

第九条 国家建立健全妇女发展状况统计调查制度，完善性别统计监测指标体系，定期开展妇女发展状况和权益保障统计调查和分析，发布有关信息。

第十条 国家将男女平等基本国策纳入国民教育体系，开展宣传教育，增强全社会的男女平等意识，培育尊重和关爱妇女的社会风尚。

第十一条 国家对保障妇女合法权益成绩显著的组织和个人，按照有关规定给予表彰和奖励。

第二章　政治权利

第十二条 国家保障妇女享有与男子平等的政治权利。

第十三条　妇女有权通过各种途径和形式，依法参与管理国家事务、管理经济和文化事业、管理社会事务。

妇女和妇女组织有权向各级国家机关提出妇女权益保障方面的意见和建议。

第十四条　妇女享有与男子平等的选举权和被选举权。

全国人民代表大会和地方各级人民代表大会的代表中，应当保证有适当数量的妇女代表。国家采取措施，逐步提高全国人民代表大会和地方各级人民代表大会的妇女代表的比例。

居民委员会、村民委员会成员中，应当保证有适当数量的妇女成员。

第十五条　国家积极培养和选拔女干部，重视培养和选拔少数民族女干部。

国家机关、群团组织、企业事业单位培养、选拔和任用干部，应当坚持男女平等的原则，并有适当数量的妇女担任领导成员。

妇女联合会及其团体会员，可以向国家机关、群团组织、企业事业单位推荐女干部。

国家采取措施支持女性人才成长。

第十六条　妇女联合会代表妇女积极参与国家和社会事务的民主协商、民主决策、民主管理和民主监督。

第十七条　对于有关妇女权益保障工作的批评或者合理可行的建议，有关部门应当听取和采纳；对于有关侵害妇女权益的申诉、控告和检举，有关部门应当查清事实，负责处理，任何组织和个人不得压制或者打击报复。

第三章　人身和人格权益

第十八条　国家保障妇女享有与男子平等的人身和人格权益。

第十九条　妇女的人身自由不受侵犯。禁止非法拘禁和以其他非法手段剥夺或者限制妇女的人身自由；禁止非法搜查妇女的身体。

第二十条　妇女的人格尊严不受侵犯。禁止用侮辱、诽谤等方式损害妇女的人格尊严。

第二十一条　妇女的生命权、身体权、健康权不受侵犯。禁止虐待、遗弃、残害、买卖以及其他侵害女性生命健康权益的行为。

禁止进行非医学需要的胎儿性别鉴定和选择性别的人工终止妊娠。

医疗机构施行生育手术、特殊检查或者特殊治疗时，应当征得妇女本人同意；在妇女与其家属或者关系人意见不一致时，应当尊重妇女本人意愿。

第二十二条　禁止拐卖、绑架妇女；禁止收买被拐卖、绑架的妇女；禁止阻碍解救被拐卖、绑架的妇女。

各级人民政府和公安、民政、人力资源和社会保障、卫生健康等部门及村民委员会、居民委员会按照各自的职责及时发现报告，并采取措施解救被拐卖、绑架的妇女，做好被解救妇女的安置、救助和关爱等工作。妇女联合会协助和配合做好有关工作。任何组织和个人不得歧视被拐卖、绑架的妇女。

第二十三条　禁止违背妇女意愿，以言语、文字、图像、肢体行为等方式对其实施性骚扰。

受害妇女可以向有关单位和国家机关投诉。接到投诉的有关单位和国家机关应当及时处理，并书面告知处理结果。

受害妇女可以向公安机关报案，也可以向人民法院提起民事诉讼，依法请求行为人承担民事责任。

第二十四条　学校应当根据女学生的年龄阶段，进行生理卫生、心理健康和自我保护教育，在教育、管理、设施等方面采取措施，提高其防范性侵害、性骚扰的自我保护意识和能力，保障女学生的人身安全和身心健康发展。

学校应当建立有效预防和科学处置性侵害、性骚扰的工作制度。对性侵害、性骚扰女学生的违法犯罪行为，学校不得隐瞒，应当及时通知受害未成年女学生的父母或者其他监护人，向公安机关、教育行政部门报告，并配合相关部门依法处理。

对遭受性侵害、性骚扰的女学生，学校、公安机关、教育行政部门等相关单位和人员应当保护其隐私和个人信息，并提供必要的保护措施。

第二十五条　用人单位应当采取下列措施预防和制止对妇女的性骚扰：

（一）制定禁止性骚扰的规章制度；

（二）明确负责机构或者人员；

（三）开展预防和制止性骚扰的教育培训活动；

（四）采取必要的安全保卫措施；

（五）设置投诉电话、信箱等，畅通投诉渠道；

（六）建立和完善调查处置程序，及时处置纠纷并保护当事人隐私和个人信息；

（七）支持、协助受害妇女依法维权，必要时为受害妇女提供心理疏导；

（八）其他合理的预防和制止性骚扰措施。

第二十六条　住宿经营者应当及时准确登记住宿人员信息，健全住宿服务规章制度，加强安全保障措施；发现可能侵害妇女权益的违法犯罪行为，应当及时向公安机关报告。

第二十七条　禁止卖淫、嫖娼；禁止组织、强迫、引诱、容留、介绍妇女卖淫或者对妇女进行猥亵活动；禁止组织、强迫、引诱、容留、介绍妇女在任何场所或者利用网络进行淫秽表演活动。

第二十八条　妇女的姓名权、肖像权、名誉权、荣誉权、隐私权和个人信息等人格权益受法律保护。

媒体报道涉及妇女事件应当客观、适度，不得通过夸大事实、过度渲染等方式侵害妇女的人格权益。

禁止通过大众传播媒介或者其他方式贬低损害妇女人格。未经本人同意，不得通过广告、商标、展览橱窗、报纸、期刊、图书、音像制品、电子出版物、网络等形式使用妇女肖像，但法律另有规定的除外。

第二十九条　禁止以恋爱、交友为由或者在终止恋爱关系、离婚之后，纠缠、骚扰妇女，泄露、传播妇女隐私和个人信息。

妇女遭受上述侵害或者面临上述侵害现实危险的，可以向人民法院申请人身安全保护令。

第三十条　国家建立健全妇女健康服务体系，保障妇女享有基本医疗卫生服务，开展妇女常见病、多发病的预防、筛查和诊疗，提高妇女健康水平。

国家采取必要措施，开展经期、孕期、产期、哺乳期和更年期的健康知识普及、卫生保健和疾病防治，保障妇女特殊生理时期的健康需求，为有需要的妇女提供心理健康服务支持。

第三十一条　县级以上地方人民政府应当设立妇幼保健机构，为妇女提供保健以及常见病防治服务。

国家鼓励和支持社会力量通过依法捐赠、资助或者提供志愿服务等方式，参与妇女卫生健康事业，提供安全的生理健康用品或者服务，满足妇女多样化、差异化的健康需求。

用人单位应当定期为女职工安排妇科疾病、乳腺疾病检查以及妇女特殊需要的其他健康检查。

第三十二条　妇女依法享有生育子女的权利，也有不生育子女的自由。

第三十三条　国家实行婚前、孕前、孕产期和产后保健制度，逐步建立妇女全生育周期系统保健制度。医疗保健机构应当提供安全、有效的医疗保健服务，保障妇女生育安全和健康。

有关部门应当提供安全、有效的避孕药具和技术，保障妇女的健康和安全。

第三十四条　各级人民政府在规划、建设基础设施时，应当考虑妇女的特殊需求，配备满足妇女需要的公共厕所和母婴室等公共设施。

第四章　文化教育权益

第三十五条　国家保障妇女享有与男子平等的文化教育权利。

第三十六条　父母或者其他监护人应当履行保障适龄女性未成年人接受并完成义务教育的义务。

对无正当理由不送适龄女性未成年人入学的父母或者其他监护人，由当地乡镇人民政府或者县级人民政府教育行政部门给予批评教育，依法责令其限期改正。居民委员会、村民委员会应当协助政府做好相关工作。

政府、学校应当采取有效措施，解决适龄女性未成年人就学存在的实际困难，并创造条件，保证适龄女性未成年人完成义务教育。

第三十七条　学校和有关部门应当执行国家有关规定，保障妇女在入学、升学、授予学位、派出留学、就业指导和服务等方面享有与男子平等的权利。

学校在录取学生时，除国家规定的特殊专业外，不得以性别为由拒绝录取女性或者提高对女性的录取标准。

各级人民政府应当采取措施，保障女性平等享有接受中高等教育的权利和机会。

第三十八条 各级人民政府应当依照规定把扫除妇女中的文盲、半文盲工作，纳入扫盲和扫盲后继续教育规划，采取符合妇女特点的组织形式和工作方法，组织、监督有关部门具体实施。

第三十九条 国家健全全民终身学习体系，为妇女终身学习创造条件。

各级人民政府和有关部门应当采取措施，根据城镇和农村妇女的需要，组织妇女接受职业教育和实用技术培训。

第四十条 国家机关、社会团体和企业事业单位应当执行国家有关规定，保障妇女从事科学、技术、文学、艺术和其他文化活动，享有与男子平等的权利。

第五章 劳动和社会保障权益

第四十一条 国家保障妇女享有与男子平等的劳动权利和社会保障权利。

第四十二条 各级人民政府和有关部门应当完善就业保障政策措施，防止和纠正就业性别歧视，为妇女创造公平的就业创业环境，为就业困难的妇女提供必要的扶持和援助。

第四十三条 用人单位在招录（聘）过程中，除国家另有规定外，不得实施下列行为：

（一）限定为男性或者规定男性优先；

（二）除个人基本信息外，进一步询问或者调查女性求职者的婚育情况；

（三）将妊娠测试作为入职体检项目；

（四）将限制结婚、生育或者婚姻、生育状况作为录（聘）用条件；

（五）其他以性别为由拒绝录（聘）用妇女或者差别化地提高对妇女录（聘）用标准的行为。

第四十四条 用人单位在录（聘）用女职工时，应当依法与其签订劳动（聘用）合同或者服务协议，劳动（聘用）合同或者服务协议中应当具备女职工特殊保护条款，并不得规定限制女职工结婚、生育等内容。

职工一方与用人单位订立的集体合同中应当包含男女平等和女职工权益保护相关内容，也可以就相关内容制定专章、附件或者单独订立女职工权益保护专项集体合同。

第四十五条 实行男女同工同酬。妇女在享受福利待遇方面享有与男子平等的权利。

第四十六条 在晋职、晋级、评聘专业技术职称和职务、培训等方面，应当坚持男女平等的原则，不得歧视妇女。

第四十七条 用人单位应当根据妇女的特点，依法保护妇女在工作和劳动时的安全、健康以及休息的权利。

妇女在经期、孕期、产期、哺乳期受特殊保护。

第四十八条 用人单位不得因结婚、怀孕、产假、哺乳等情形，降低女职工的工资和福利待遇，限制女职工晋职、晋级、评聘专业技术职称和职务，辞退女职工，单方解除劳动（聘用）合同或者服务协议。

女职工在怀孕以及依法享受产假期间，劳动（聘用）合同或者服务协议期满的，劳动（聘用）合同或者服务协议期限自动延续至产假结束。但是，用人单位依法解除、终止劳动（聘用）合同、服务协议，或者女职工依法要求解除、终止劳动（聘用）合同、服务协议的除外。

用人单位在执行国家退休制度时，不得以性别为由歧视妇女。

第四十九条　人力资源和社会保障部门应当将招聘、录取、晋职、晋级、评聘专业技术职称和职务、培训、辞退等过程中的性别歧视行为纳入劳动保障监察范围。

第五十条　国家发展社会保障事业，保障妇女享有社会保险、社会救助和社会福利等权益。

国家提倡和鼓励为帮助妇女而开展的社会公益活动。

第五十一条　国家实行生育保险制度，建立健全婴幼儿托育服务等与生育相关的其他保障制度。

国家建立健全职工生育休假制度，保障孕产期女职工依法享有休息休假权益。

地方各级人民政府和有关部门应当按照国家有关规定，为符合条件的困难妇女提供必要的生育救助。

第五十二条　各级人民政府和有关部门应当采取必要措施，加强贫困妇女、老龄妇女、残疾妇女等困难妇女的权益保障，按照有关规定为其提供生活帮扶、就业创业支持等关爱服务。

第六章　财产权益

第五十三条　国家保障妇女享有与男子平等的财产权利。

第五十四条　在夫妻共同财产、家庭共有财产关系中，不得侵害妇女依法享有的权益。

第五十五条　妇女在农村集体经济组织成员身份确认、土地承包经营、集体经济组织收益分配、土地征收补偿安置或者征用补偿以及宅基地使用等方面，享有与男子平等的权利。

申请农村土地承包经营权、宅基地使用权等不动产登记，应当在不动产登记簿和权属证书上将享有权利的妇女等家庭成员全部列明。征收补偿安置或者征用补偿协议应当将享有相关权益的妇女列入，并记载权益内容。

第五十六条　村民自治章程、村规民约，村民会议、村民代表会议的决定以及其他涉及村民利益事项的决定，不得以妇女未婚、结婚、离婚、丧偶、户无男性等为由，侵害妇女在农村集体经济组织中的各项权益。

因结婚男方到女方住所落户的，男方和子女享有与所在地农村集体经济组织成员平等的权益。

第五十七条　国家保护妇女在城镇集体所有财产关系中的权益。妇女依照法律、法规的规定享有相关权益。

第五十八条　妇女享有与男子平等的继承权。妇女依法行使继承权，不受歧视。

丧偶妇女有权依法处分继承的财产，任何组织和个人不得干涉。

第五十九条　丧偶儿媳对公婆尽了主要赡养义务的，作为第一顺序继承人，其继承权不受子女代位继承的影响。

第七章　婚姻家庭权益

第六十条　国家保障妇女享有与男子平等的婚姻家庭权利。

第六十一条　国家保护妇女的婚姻自主权。禁止干涉妇女的结婚、离婚自由。

第六十二条　国家鼓励男女双方在结婚登记前，共同进行医学检查或者相关健康体检。

第六十三条　婚姻登记机关应当提供婚姻家庭辅导服务，引导当事人建立平等、和睦、文明的婚姻家庭关系。

第六十四条　女方在怀孕期间、分娩后一年内或者终止妊娠后六个月内，男方不得提出离婚；但是，女方提出离婚或者人民法院认为确有必要受理男方离婚请求的除外。

第六十五条　禁止对妇女实施家庭暴力。

县级以上人民政府有关部门、司法机关、社会团体、企业事业单位、基层群众性自治组织以及其他组织，应当在各自的职责范围内预防和制止家庭暴力，依法为受害妇女提供救助。

第六十六条　妇女对夫妻共同财产享有与其配偶平等的占有、使用、收益和处分的权利，不受双方收入状况等情形的影响。

对夫妻共同所有的不动产以及可以联名登记的动产，女方有权要求在权属证书上记载其姓名；认为记载的权利人、标的物、权利比例等事项有错误的，有权依法申请更正登记或者异议登记，有关机构应当按照其申请依法办理相应登记手续。

第六十七条　离婚诉讼期间，夫妻一方申请查询登记在对方名下财产状况且确因客观原因不能自行收集的，人民法院应当进行调查取证，有关部门和单位应当予以协助。

离婚诉讼期间，夫妻双方均有向人民法院申报全部夫妻共同财产的义务。一方隐藏、转移、变卖、损毁、挥霍夫妻共同财产，或者伪造夫妻共同债务企图侵占另一方财产的，在离婚分割夫妻共同财产时，对该方可以少分或者不分财产。

第六十八条　夫妻双方应当共同负担家庭义务，共同照顾家庭生活。

女方因抚育子女、照料老人、协助男方工作等负担较多义务的，有权在离婚时要求男方予以补偿。补偿办法由双方协议确定；协议不成的，可以向人民法院提起诉讼。

第六十九条　离婚时，分割夫妻共有的房屋或者处理夫妻共同租住的房屋，由双方协议解决；协议不成的，可以向人民法院提起诉讼。

第七十条　父母双方对未成年子女享有平等的监护权。

父亲死亡、无监护能力或者有其他情形不能担任未成年子女的监护人的，母亲的监护权任何组织和个人不得干涉。

第七十一条　女方丧失生育能力的，在离婚处理子女抚养问题时，应当在最有利于未成年子女的条件下，优先考虑女方的抚养要求。

第八章　救济措施

第七十二条　对侵害妇女合法权益的行为，任何组织和个人都有权予以劝阻、制止或者向有关部门提出控告或者检举。有关部门接到控告或者检举后，应当依法及时处理，并为控告人、检举人保密。

妇女的合法权益受到侵害的，有权要求有关部门依法处理，或者依法申请调解、仲裁，或者向人民法院起诉。

对符合条件的妇女，当地法律援助机构或者司法机关应当给予帮助，依法为其提供法律援助或者司法救助。

第七十三条　妇女的合法权益受到侵害的，可以向妇女联合会等妇女组织求助。妇女联合会等妇女组织应当维护被侵害妇女的合法权益，有权要求并协助有关部门或者单位查处。有关部门或者单位应当依法查处，并予以答复；不予处理或者处理不当的，县级以上人民政府负责妇女儿童工作的机构、妇女联合会可以向其提出督促处理意见，必要时可以提请同级人民政府开展督查。

受害妇女进行诉讼需要帮助的，妇女联合会应当给予支持和帮助。

第七十四条　用人单位侵害妇女劳动和社会保障权益的，人力资源和社会保障部门可以联合工会、妇女联合会约谈用人单位，依法进行监督并要求其限期纠正。

第七十五条 妇女在农村集体经济组织成员身份确认等方面权益受到侵害的，可以申请乡镇人民政府等进行协调，或者向人民法院起诉。

乡镇人民政府应当对村民自治章程、村规民约，村民会议、村民代表会议的决定以及其他涉及村民利益事项的决定进行指导，对其中违反法律、法规和国家政策规定，侵害妇女合法权益的内容责令改正；受侵害妇女向农村土地承包仲裁机构申请仲裁或者向人民法院起诉的，农村土地承包仲裁机构或者人民法院应当依法受理。

第七十六条 县级以上人民政府应当开通全国统一的妇女权益保护服务热线，及时受理、移送有关侵害妇女合法权益的投诉、举报；有关部门或者单位接到投诉、举报后，应当及时予以处置。

鼓励和支持群团组织、企业事业单位、社会组织和个人参与建设妇女权益保护服务热线，提供妇女权益保护方面的咨询、帮助。

第七十七条 侵害妇女合法权益，导致社会公共利益受损的，检察机关可以发出检察建议；有下列情形之一的，检察机关可以依法提起公益诉讼：

（一）确认农村妇女集体经济组织成员身份时侵害妇女权益或者侵害妇女享有的农村土地承包和集体收益、土地征收征用补偿分配权益和宅基地使用权益；

（二）侵害妇女平等就业权益；

（三）相关单位未采取合理措施预防和制止性骚扰；

（四）通过大众传播媒介或者其他方式贬低损害妇女人格；

（五）其他严重侵害妇女权益的情形。

第七十八条 国家机关、社会团体、企业事业单位对侵害妇女权益的行为，可以支持受侵害的妇女向人民法院起诉。

第九章　法　律　责　任

第七十九条　违反本法第二十二条第二款规定，未履行报告义务的，依法对直接负责的主管人员和其他直接责任人员给予处分。

第八十条　违反本法规定，对妇女实施性骚扰的，由公安机关给予批评教育或者出具告诫书，并由所在单位依法给予处分。

学校、用人单位违反本法规定，未采取必要措施预防和制止性骚扰，造成妇女权益受到侵害或者社会影响恶劣的，由上级机关或者主管部门责令改正；拒不改正或者情节严重的，依法对直接负责的主管人员和其他直接责任人员给予处分。

第八十一条　违反本法第二十六条规定，未履行报告等义务的，依法给予警告、责令停业整顿或者吊销营业执照、吊销相关许可证，并处一万元以上五万元以下罚款。

第八十二条　违反本法规定，通过大众传播媒介或者其他方式贬低损害妇女人格的，由公安、网信、文化旅游、广播电视、新闻出版或者其他有关部门依据各自的职权责令改正，并依法给予行政处罚。

第八十三条　用人单位违反本法第四十三条和第四十八条规定的，由人力资源和社会保障部门责令改正；拒不改正或者情节严重的，处一万元以上五万元以下罚款。

第八十四条　违反本法规定，对侵害妇女权益的申诉、控告、检举，推诿、拖延、压制不予查处，或者对提出申诉、控告、检举的人进行打击报复的，依法责令改正，并对直接负责的主管人员和其他直接责任人员给予处分。

国家机关及其工作人员未依法履行职责，对侵害妇女权益的行为未及时制止或者未给予受害妇女必要帮助，造成严重后果的，依法对直接负责的主管人员和其他直接责任人员给予处分。

违反本法规定，侵害妇女人身和人格权益、文化教育权益、劳动和社会保障权益、财产权益以及婚姻家庭权益的，依法责令改正，直接负责的主管人员和其他直接责任人员属于国家工作人员的，依法给予处分。

第八十五条　违反本法规定，侵害妇女的合法权益，其他法律、法规规定行政处罚的，从其规定；造成财产损失或者人身损害的，依法承担民事责任；构成犯罪的，依法追究刑事责任。

第十章　附　　则

第八十六条　本法自 2023 年 1 月 1 日起施行。

《中华人民共和国妇女权益保障法》
新旧对照*

目　　录	目　　录
第一章　总　　则	第一章　总　　则
第二章　政治权利	第二章　政治权利
第三章　人身和人格权益	第三章　文化教育权益
第四章　文化教育权益	第四章　劳动和社会保障权益
第五章　劳动和社会保障权益	第五章　财产权益
第六章　财产权益	~~第六章　人身权利~~
第七章　婚姻家庭权益	第七章　婚姻家庭权益
第八章　救济措施	第八章　法律责任
第九章　法律责任	第九章　附　　则
第十章　附　　则	

第一章　总　　则	第一章　总　　则
第一条　为了保障妇女的合法权益，促进男女平等**和妇女全面发展**，充分发挥妇女在<u>全面建设社会主义现代化国家</u>中的作用，**弘扬社会主义核心价值观**，根据宪法，制定本法。	第一条　为了保障妇女的合法权益，促进男女平等，充分发挥妇女在<u>社会主义现代化建设中</u>的作用，根据宪法~~和我国的实际情况~~，制定本法。
第二条　<u>**男女平等是国家的基本国策**</u>。妇女在政治的、经济的、文化的、社会的和家庭的生活等各方面享有同男子平等的权利。	第二条　妇女在政治的、经济的、文化的、社会的和家庭的生活等各方面享有同男子平等的权利。

　　* 本表格左栏为 2022 年 10 月 30 日第十三届全国人民代表大会常务委员会第三十七次会议修订公布的新《妇女权益保障法》，右栏为 1992 年 4 月 3 日通过、2005 年 8 月 28 日第一次修正、2018 年 10 月 26 日第二次修正的旧《妇女权益保障法》。

国家采取必要措施，**促进男女平等**，消除对妇女一切形式的歧视，**禁止排斥、限制妇女依法享有和行使各项权益**。 国家保护妇女依法享有的特殊权益。	实行男女平等是国家的基本国策。国家采取必要措施，~~逐步完善保障妇女权益的各项制度，~~消除对妇女一切形式的歧视。 国家保护妇女依法享有的特殊权益。 禁止歧视、虐待、遗弃、残害妇女。（本款移至新法第二十一条第一款中合并规定）
第三条　**坚持中国共产党对妇女权益保障工作的领导，建立政府主导、各方协同、社会参与的保障妇女权益工作机制**。 各级人民政府应当重视和加强妇女权益的保障工作。 县级以上人民政府负责妇女儿童工作的机构，负责组织、协调、指导、督促有关部门做好妇女权益的保障工作。 县级以上人民政府有关部门在各自的职责范围内做好妇女权益的保障工作。	第六条　各级人民政府应当重视和加强妇女权益的保障工作。 县级以上人民政府负责妇女儿童工作的机构，负责组织、协调、指导、督促有关部门做好妇女权益的保障工作。 县级以上人民政府有关部门在各自的职责范围内做好妇女权益的保障工作。
第四条　保障妇女的合法权益是全社会的共同责任。国家机关、社会团体、企业事业单位、基层群众性自治组织**以及其他组织和个人**，应当**依法**保障妇女的权益。 国家采取有效措施，为妇女依法行使权利提供必要的条件。	第四条　保障妇女的合法权益是全社会的共同责任。国家机关、社会团体、企业事业单位、~~城乡~~基层群众性自治组织，应当<u>依照本法和有关法律的规定</u>，保障妇女的权益。 国家采取有效措施，为妇女依法行使权利提供必要的条件。

第五条 国务院制定和组织实施中国妇女发展纲要，将其纳入国民经济和社会发展规划，保障和促进妇女在各领域的全面发展。 县级以上地方各级人民政府根据中国妇女发展纲要，制定和组织实施本行政区域的妇女发展规划，将其纳入国民经济和社会发展规划。 **县级以上人民政府应当将妇女权益保障所需经费列入本级预算。**	第三条 国务院制定中国妇女发展纲要，并将其纳入国民经济和社会发展规划。 县级以上地方各级人民政府根据中国妇女发展纲要，制定本行政区域的妇女发展规划，并将其纳入国民经济和社会发展计划。
第六条 中华全国妇女联合会和地方各级妇女联合会依照法律和中华全国妇女联合会章程，代表和维护各族各界妇女的利益，做好维护妇女权益、促进男女平等和妇女全面发展的工作。 工会、共产主义青年团、残疾人联合会等群团组织应当在各自的工作范围内，做好维护妇女权益的工作。	第七条 中华全国妇女联合会和地方各级妇女联合会依照法律和中华全国妇女联合会章程，代表和维护各族各界妇女的利益，做好维护妇女权益的工作。 工会、共产主义青年团，应当在各自的工作范围内，做好维护妇女权益的工作。
第七条 国家鼓励妇女自尊、自信、自立、自强，运用法律维护自身合法权益。 妇女应当遵守国家法律，尊重社会公德、职业道德和家庭美德，履行法律所规定的义务。	第五条 国家鼓励妇女自尊、自信、自立、自强，运用法律维护自身合法权益。 妇女应当遵守国家法律，尊重社会公德，履行法律所规定的义务。
第八条 有关机关制定或者修改涉及妇女权益的法律、法规、	第十条第二款 制定法律、法规、规章和公共政策，对涉及

规章和<u>其他规范性文件</u>，应当听取妇女联合会的意见，**充分考虑妇女的特殊权益，必要时开展男女平等评估。**	<u>妇女权益的</u>~~重大问题~~，应当听取妇女联合会的意见。
第九条　国家建立健全妇女发展状况统计调查制度，完善性别统计监测指标体系，定期开展妇女发展状况和权益保障统计调查和分析，发布有关信息。	*新增条文*
第十条　国家将男女平等基本国策纳入国民教育体系，开展宣传教育，增强全社会的男女平等意识，培育尊重和关爱妇女的社会风尚。	*新增条文*
第十一条　**国家**对保障妇女合法权益成绩显著的组织和个人，**按照有关规定**给予表彰和奖励。	第八条　对保障妇女合法权益成绩显著的组织和个人，~~各级人民政府和有关部门~~给予表彰和奖励。
第二章　政治权利	**第二章　政治权利**
第十二条　国家保障妇女享有与男子平等的政治权利。	第九条　国家保障妇女享有与男子平等的政治权利。
第十三条　妇女有权通过各种途径和形式，**依法参与**管理国家事务**、**管理经济和文化事业**、**管理社会事务。 　　妇女和妇女组织有权向各级国家机关提出妇女权益保障方面的意见和建议。	第十条　妇女有权通过各种途径和形式，管理国家事务，管理经济和文化事业，管理社会事务。 　　<u>制定法律、法规、规章和公共政策，对涉及妇女权益的重大问题，应当听取妇女联合会的意见。</u> 　　*（第二款移作新法第八条并作修改）* 　　妇女和妇女组织有权向各级国家机关提出妇女权益保障方面的意见和建议。

第十四条　妇女享有与男子平等的选举权和被选举权。	第十一条　妇女享有与男子平等的选举权和被选举权。
全国人民代表大会和地方各级人民代表大会的代表中，应当**保证**有适当数量的妇女代表。国家采取措施，逐步提高全国人民代表大会和地方各级人民代表大会的妇女代表的比例。	全国人民代表大会和地方各级人民代表大会的代表中，应当有适当数量的妇女代表。国家采取措施，逐步提高全国人民代表大会和地方各级人民代表大会的妇女代表的比例。
居民委员会、村民委员会成员中，<u>应当保证有适当数量的妇女成员</u>。	居民委员会、村民委员会成员中，<u>妇女应当有适当的名额</u>。
第十五条　国家积极培养和选拔女干部，<u>重视培养和选拔少数民族女干部</u>。	第十二条　国家积极培养和选拔女干部。
国家机关、**群团组织**、企业事业单位培养、选拔和任用干部，应当坚持男女平等的原则，并有适当数量的妇女担任领导成员。	国家机关、<u>社会团体</u>、企业事业单位培养、选拔和任用干部，必须坚持男女平等的原则，并有适当数量的妇女担任领导成员。
妇女联合会及其团体会员，可以向国家机关、**群团组织**、企业事业单位推荐女干部。	~~国家~~重视培养和选拔少数民族女干部。
国家采取措施支持女性人才成长。	第十三条第二款　~~各级~~妇女联合会及其团体会员，可以向国家机关、<u>社会团体</u>、企业事业单位推荐女干部。
第十六条　妇女联合会代表妇女积极参与国家和社会事务的**民主协商**、民主决策、民主管理和民主监督。	第十三条第一款　~~中华全国~~妇女联合会~~和地方各级妇女联合会~~代表妇女积极参与国家和社会事务的民主决策、民主管理和民主监督。
第十七条　对于有关妇女权<u>益保障工作</u>的批评或者合理**可行的**建议，有关部门应当听取和采	第十四条　对于有关<u>保障妇</u>女权益的批评或者合理建议，有关部门应当听取和采纳；对于有

纳；对于有关侵害妇女权益的申诉、控告和检举，有关部门应当查清事实，负责处理，任何组织和个人不得压制或者打击报复。	关侵害妇女权益的申诉、控告和检举，有关部门**必须**查清事实，负责处理，任何组织或者个人不得压制或者打击报复。
第三章　人身和人格权益	**第六章　人身权利**
第十八条　国家保障妇女享有与男子平等的人身和人格<u>权益</u>。	第三十六条　国家保障妇女享有与男子平等的人身权利。
第十九条　妇女的人身自由不受侵犯。禁止非法拘禁和以其他非法手段剥夺或者限制妇女的人身自由；禁止非法搜查妇女的身体。	第三十七条　妇女的人身自由不受侵犯。禁止非法拘禁和以其他非法手段剥夺或者限制妇女的人身自由；禁止非法搜查妇女的身体。
第二十条　妇女的人格尊严不受侵犯。禁止用侮辱、诽谤等方式损害妇女的人格尊严。	第四十二条第二款第一句禁止用侮辱、诽谤等方式损害妇女的人格尊严。
第二十一条　妇女的<u>生命权、身体权</u>、健康权不受侵犯。禁止虐待、遗弃、残害、**买卖以及其他侵害女性生命健康权益的行为。** 　　**禁止进行非医学需要的胎儿性别鉴定和选择性别的人工终止妊娠。** 　　**医疗机构施行生育手术、特殊检查或者特殊治疗时，应当征得妇女本人同意；在妇女与其家属或者关系人意见不一致时，应当尊重妇女本人意愿。**	第二条第四款　禁止~~歧视~~、虐待、遗弃、残害~~妇女~~。 　　第三十八条　妇女的<u>生命健康权</u>不受侵犯。~~禁止溺、弃、残害女婴；禁止歧视、虐待生育女婴的妇女和不育的妇女；禁止用迷信、暴力等手段残害妇女；禁止虐待、遗弃病、残妇女和老年妇女。~~
第二十二条　禁止拐卖、绑架妇女；禁止收买被拐卖、绑架的妇女；禁止阻碍解救被拐卖、绑架的妇女。	第三十九条　禁止拐卖、绑架妇女；禁止收买被拐卖、绑架的妇女；禁止阻碍解救被拐卖、绑架的妇女。

<table>
<tr>
<td>

各级人民政府和公安、民政、<u>人力资源和社会保障</u>、卫生<u>健康</u>等部门<u>及村民委员会、居民委员会</u>按照<u>各自的</u>职责及时<u>发现报告，并</u>采取措施解救被拐卖、绑架的妇女，做好<u>被解救妇女的安置、救助和关爱等</u>工作。妇女联合会协助和配合做好有关工作。任何<u>组织和个人</u>不得歧视被拐卖、绑架的妇女。

</td>
<td>

各级人民政府和公安、民政、<s>劳动</s>和社会保障、卫生等部门按照其职责及时采取措施解救被拐卖、绑架的妇女，做好善后工作，妇女联合会协助和配合做好有关工作。任何<u>人</u>不得歧视被拐卖、绑架的妇女。

</td>
</tr>
<tr>
<td>

第二十三条　禁止<u>违背妇女意愿，以言语、文字、图像、肢体行为等方式</u>对其实施性骚扰。

受害妇女可以向<u>有关单位和国家机关</u>投诉。接到投诉的有关单位和国家机关应当及时处理，并书面告知处理结果。

受害妇女可以向公安机关报案，也可以向人民法院提起民事诉讼，依法请求行为人承担民事责任。

</td>
<td>

第四十条　禁止<s>对妇女</s>实施性骚扰。受害妇女有<u>权</u>向<u>单位和有关机关</u>投诉。

</td>
</tr>
<tr>
<td>

第二十四条　学校应当根据<u>女学生的年龄阶段，进行生理卫生、心理健康和自我保护教育</u>，在教育、管理、设施等方面采取措施，<u>提高其防范性侵害、性骚扰的自我保护意识和能力，保障女学生的人身安全和身心健康发展。</u>

<u>学校应当建立有效预防和科学处置性侵害、性骚扰的工作制度。对性侵害、性骚扰女学生的</u>

</td>
<td>

第十七条　学校应当根据<s>女性青少年的特点</s>，在教育、管理、设施等方面采取措施，保障<s>女性青少年</s>身心健康发展。

</td>
</tr>
</table>

违法犯罪行为，学校不得隐瞒，应当及时通知受害未成年女学生的父母或者其他监护人，向公安机关、教育行政部门报告，并配合相关部门依法处理。 对遭受性侵害、性骚扰的女学生，学校、公安机关、教育行政部门等相关单位和人员应当保护其隐私和个人信息，并提供必要的保护措施。	
第二十五条　用人单位应当采取下列措施预防和制止对妇女的性骚扰： （一）制定禁止性骚扰的规章制度； （二）明确负责机构或者人员； （三）开展预防和制止性骚扰的教育培训活动； （四）采取必要的安全保卫措施； （五）设置投诉电话、信箱等，畅通投诉渠道； （六）建立和完善调查处置程序，及时处置纠纷并保护当事人隐私和个人信息； （七）支持、协助受害妇女依法维权，必要时为受害妇女提供心理疏导； （八）其他合理的预防和制止性骚扰措施。	*新增条文*

134

第二十六条 住宿经营者应当及时准确登记住宿人员信息，健全住宿服务规章制度，加强安全保障措施；发现可能侵害妇女权益的违法犯罪行为，应当及时向公安机关报告。	*新增条文*
第二十七条 禁止卖淫、嫖娼；禁止组织、强迫、引诱、容留、介绍妇女卖淫或者对妇女进行猥亵活动；禁止组织、强迫、引诱、容留、介绍妇女在任何场所或者利用网络进行淫秽表演活动。	第四十一条 禁止卖淫、嫖娼。 禁止组织、强迫、引诱、容留、介绍妇女卖淫或者对妇女进行猥亵活动。 禁止组织、强迫、引诱妇女进行淫秽表演活动。
第二十八条 妇女的姓名权、肖像权、名誉权、荣誉权、隐私权和个人信息等人格权益受法律保护。 **媒体报道涉及妇女事件应当客观、适度，不得通过夸大事实、过度渲染等方式侵害妇女的人格权益。** 禁止通过大众传播媒介或者其他方式贬低损害妇女人格。未经本人同意，不得通过广告、商标、展览橱窗、报纸、期刊、图书、音像制品、电子出版物、网络等形式使用妇女肖像，**但法律另有规定的除外。**	第四十二条 妇女的名誉权、荣誉权、隐私权、肖像权等人格权受法律保护。 ~~禁止用侮辱、诽谤等方式损害妇女的人格尊严。~~禁止通过大众传播媒介或者其他方式贬低损害妇女人格。未经本人同意，~~不得以营利为目的，~~通过广告、商标、展览橱窗、报纸、期刊、图书、音像制品、电子出版物、网络等形式使用妇女肖像。
第二十九条 禁止以恋爱、交友为由或者在终止恋爱关系、离婚之后，纠缠、骚扰妇女，泄	*新增条文*

135

露、传播妇女隐私和个人信息。 　　妇女遭受上述侵害或者面临上述侵害现实危险的，可以向人民法院申请人身安全保护令。	
第三十条　国家建立健全妇女健康服务体系，保障妇女享有基本医疗卫生服务，开展妇女常见病、多发病的预防、筛查和诊疗，提高妇女健康水平。 　　国家采取必要措施，开展经期、孕期、产期、哺乳期和更年期的健康知识普及、卫生保健和疾病防治，保障妇女特殊生理时期的健康需求，为有需要的妇女提供心理健康服务支持。	*新增条文*
第三十一条　县级以上地方人民政府应当设立妇幼保健机构，为妇女提供保健以及常见病防治服务。 　　国家鼓励和支持社会力量通过依法捐赠、资助或者提供志愿服务等方式，参与妇女卫生健康事业，提供安全的生理健康用品或者服务，满足妇女多样化、差异化的健康需求。 　　用人单位应当定期为女职工安排妇科疾病、乳腺疾病检查以及妇女特殊需要的其他健康检查。	*新增条文*
第三十二条　妇女依法享有生育子女的权利，也有不生育子女的自由。	第五十一条第一款　妇女有按照国家有关规定生育子女的权利，也有不生育的自由。

第三十三条 国家实行婚前、孕前、孕产期和产后保健制度，逐步建立妇女全生育周期系统保健制度。医疗保健机构应当提供安全、有效的医疗保健服务，保障妇女生育安全和健康。 有关部门应当提供安全、有效的避孕药具和技术，保障妇女的健康和安全。	第五十一条第二款、第三款 ~~育龄夫妻双方按照国家有关规定计划生育，有关部门应当提供安全、有效的避孕药具和技术，保障实施节育手术的妇女的健康和安全。~~ 国家实行婚前~~保健~~、孕产期保健制度，发展母婴保健事业。各级人民政府应当采取措施，保障妇女享有计划生育技术服务，提高妇女的生殖健康水平。
第三十四条 各级人民政府在规划、建设基础设施时，应当考虑妇女的特殊需求，配备满足妇女需要的公共厕所和母婴室等公共设施。	新增条文
第四章 文化教育权益	**第三章 文化教育权益**
第三十五条 国家保障妇女享有与男子平等的文化教育权利。	第十五条 国家保障妇女享有与男子平等的文化教育权利。
第三十六条 父母或者其他监护人应当履行保障适龄女性未成年人接受并完成义务教育的义务。 对无正当理由不送适龄女性未成年人入学的父母或者其他监护人，由当地乡镇人民政府或者县级人民政府教育行政部门给予批评教育，依法责令其限期改正。居民委员会、村民委员会应当协助政府做好相关工作。 政府、学校应当采取有效措	第十八条 父母或者其他监护人必须履行保障适龄女性儿童少年接受义务教育的义务。 除因疾病或者其他特殊情况经当地人民政府批准的以外，对不送适龄女性儿童少年入学的父母或者其他监护人，由当地人民政府予以批评教育，~~并采取有效措施，~~责令送适龄女性儿童少年入学。 政府、~~社会、~~学校应当采取有效措施，解决适龄女性儿童少年

施，解决适龄女性未成年人就学存在的实际困难，并创造条件，保证适龄女性未成年人完成义务教育。	就学存在的实际困难，并创造条件，保证~~贫困、残疾和流动人口中的~~适龄女性儿童少年完成义务教育。
第三十七条　学校和有关部门应当执行国家有关规定，保障妇女在入学、升学、授予学位、派出留学、**就业指导和服务**等方面享有与男子平等的权利。 　学校在录取学生时，除**国家规定的**特殊专业外，不得以性别为由拒绝录取女性或者提高对女性的录取标准。 **　各级人民政府应当采取措施，保障女性平等享有接受中高等教育的权利和机会。**	第十六条　学校和有关部门应当执行国家有关规定，保障妇女在入学、升学、~~毕业分配、~~授予学位、派出留学等方面享有与男子平等的权利。 　学校在录取学生时，除特殊专业外，不得以性别为由拒绝录取女性或者提高对女性的录取标准。
第三十八条　各级人民政府应当依照规定把扫除妇女中的文盲、半文盲工作，纳入扫盲和扫盲后继续教育规划，采取符合妇女特点的组织形式和工作方法，组织、监督有关部门具体实施。	第十九条　各级人民政府应当依照规定把扫除妇女中的文盲、半文盲工作，纳入扫盲和扫盲后继续教育规划，采取符合妇女特点的组织形式和工作方法，组织、监督有关部门具体实施。
第三十九条　**国家健全全民终身学习体系，为妇女终身学习创造条件。** 　各级人民政府和有关部门应当采取措施，根据城镇和农村妇女的需要，组织妇女接受职业教育和实用技术培训。	第二十条　各级人民政府和有关部门应当采取措施，根据城镇和农村妇女的需要，组织妇女接受职业教育和实用技术培训。

第四十条　国家机关、社会团体和企业事业单位应当执行国家有关规定，保障妇女从事科学、技术、文学、艺术和其他文化活动，享有与男子平等的权利。	第二十一条　国家机关、社会团体和企业事业单位应当执行国家有关规定，保障妇女从事科学、技术、文学、艺术和其他文化活动，享有与男子平等的权利。
第五章　劳动和社会保障权益	**第四章　劳动和社会保障权益**
第四十一条　国家保障妇女享有与男子平等的劳动权利和社会保障权利。	第二十二条　国家保障妇女享有与男子平等的劳动权利和社会保障权利。
第四十二条　各级人民政府和有关部门应当完善就业保障政策措施，防止和纠正就业性别歧视，为妇女创造公平的就业创业环境，为就业困难的妇女提供必要的扶持和援助。	新增条文
第四十三条　用人单位在招录（聘）过程中，除国家另有规定外，不得实施下列行为： （一）限定为男性或者规定男性优先； （二）除个人基本信息外，进一步询问或者调查女性求职者的婚育情况； （三）将妊娠测试作为入职体检项目； （四）将限制结婚、生育或者婚姻、生育状况作为录（聘）用条件； （五）其他以性别为由拒绝录（聘）用妇女或者差别化地提高对妇女录（聘）用标准的行为。	第二十三条第一款、第三款　各单位在录用职工时，除不适合妇女的工种或者岗位外，不得以性别为由拒绝录用妇女或者提高对妇女的录用标准。 禁止录用未满十六周岁的女性未成年人，国家另有规定的除外。

第四十四条　用人单位在录（聘）用女职工时，应当依法与其签订劳动（聘用）合同或者服务协议，劳动（聘用）合同或者服务协议中应当具备女职工特殊保护条款，并不得规定限制女职工结婚、生育等内容。 职工一方与用人单位订立的集体合同中应当包含男女平等和女职工权益保护相关内容，也可以就相关内容制定专章、附件或者单独订立女职工权益保护专项集体合同。	第二十三条第二款　各单位在录用女职工时，应当依法与其签订劳动（聘用）合同或者服务协议，劳动（聘用）合同或者服务协议中不得规定限制女职工结婚、生育的内容。
第四十五条　实行男女同工同酬。妇女在享受福利待遇方面享有与男子平等的权利。	第二十四条　实行男女同工同酬。妇女在享受福利待遇方面享有与男子平等的权利。
第四十六条　在晋职、晋级、评聘专业技术职称和职务、培训等方面，应当坚持男女平等的原则，不得歧视妇女。	第二十五条　在晋职、晋级、评定专业技术职务等方面，应当坚持男女平等的原则，不得歧视妇女。
第四十七条　用人单位应当根据妇女的特点，依法保护妇女在工作和劳动时的安全、健康以及休息的权利。 妇女在经期、孕期、产期、哺乳期受特殊保护。	第二十六条　任何单位均应根据妇女的特点，依法保护妇女在工作和劳动时的安全和健康，不得安排不适合妇女从事的工作和劳动。 妇女在经期、孕期、产期、哺乳期受特殊保护。
第四十八条　用人单位不得因结婚、怀孕、产假、哺乳等情形，降低女职工的工资和福利待遇，限制女职工晋职、晋级、评	第二十七条　任何单位不得因结婚、怀孕、产假、哺乳等情形，降低女职工的工资，辞退女职工，单方解除劳动（聘用）合

聘专业技术职称和职务，辞退女职工，单方解除劳动（聘用）合同或者服务协议。 女职工在怀孕以及依法享受产假期间，劳动（聘用）合同或者服务协议期满的，劳动（聘用）合同或者服务协议期限自动延续至产假结束。但是，用人单位依法解除、终止劳动（聘用）合同、服务协议，或者女职工依法要求解除、终止劳动（聘用）合同、服务协议的除外。 用人单位在执行国家退休制度时，不得以性别为由歧视妇女。	同或者服务协议。但是，女职工要求终止劳动（聘用）合同或者服务协议的除外。 各单位在执行国家退休制度时，不得以性别为由歧视妇女。
第四十九条 人力资源和社会保障部门应当将招聘、录取、晋职、晋级、评聘专业技术职称和职务、培训、辞退等过程中的性别歧视行为纳入劳动保障监察范围。	新增条文
第五十条 国家发展社会保障事业，保障妇女享有社会保险、社会救助和社会福利等权益。 国家提倡和鼓励为帮助妇女而开展的社会公益活动。	第二十八条 国家发展社会保险、社会救助、社会福利和医疗卫生事业，保障妇女享有社会保险、社会救助、社会福利和卫生保健等权益。 国家提倡和鼓励为帮助妇女开展的社会公益活动。
第五十一条 国家实行生育保险制度，建立健全婴幼儿托育服务等与生育相关的其他保障制度。	第二十九条 国家推行生育保险制度，建立健全与生育相关的其他保障制度。 地方各级人民政府和有关部

国家建立健全职工生育休假制度，保障孕产期女职工依法享有休息休假权益。 地方各级人民政府和有关部门应当按照国家有关规定，为符合条件的<u>困难</u>妇女提供必要的生育救助。	门应当按照有关规定为<u>贫困</u>妇女提供必要的生育救助。
第五十二条　各级人民政府和有关部门应当采取必要措施，加强贫困妇女、老龄妇女、残疾妇女等困难妇女的权益保障，按照有关规定为其提供生活帮扶、就业创业支持等关爱服务。	新增条文
第六章　财产权益	第五章　财产权益
第五十三条　国家保障妇女享有与男子平等的财产权利。	第三十条　国家保障妇女享有与男子平等的财产权利。
第五十四条　在<u>夫妻共同财产</u>、家庭共有财产关系中，不得侵害妇女依法享有的权益。	第三十一条　在婚姻、家庭共有财产关系中，不得侵害妇女依法享有的权益。
第五十五条　妇女在农村<u>集体经济组织成员身份确认</u>、土地承包经营、集体经济组织收益分配、土地征收<u>补偿安置</u>或者征用补偿以及宅基地使用等方面，享有与男子平等的权利。 　　**申请农村土地承包经营权、宅基地使用权等不动产登记，应当在不动产登记簿和权属证书上将享有权利的妇女等家庭成员全部列明。征收补偿安置或者征用补偿协议应当将享有相关权益的妇女列入，并记载权益内容。**	第三十二条　妇女在农村土地承包经营、集体经济组织收益分配、土地征收或者征用补偿费<u>使用</u>以及宅基地使用等方面，享有与男子平等的权利。

第五十六条 村民自治章程、村规民约，村民会议、村民代表会议的决定以及其他涉及村民利益事项的决定，不得以妇女未婚、结婚、离婚、丧偶、**户无男性**等为由，侵害妇女在农村集体经济组织中的各项权益。 因结婚男方到女方住所落户的，男方和子女享有与所在地农村集体经济组织成员平等的权益。	第三十三条 ~~任何组织和个人~~不得以妇女未婚、结婚、离婚、丧偶等为由，侵害妇女在农村集体经济组织中的各项权益。 因结婚男方到女方住所落户的，男方和子女享有与所在地农村集体经济组织成员平等的权益。
第五十七条 国家保护妇女在城镇集体所有财产关系中的权益。妇女依照法律、法规的规定享有相关权益。	新增条文
第五十八条 妇女享有与男子平等的继承权。**妇女依法行使继承权，不受歧视。** 丧偶妇女有权**依法**处分继承的财产，**任何**组织和<u>个人</u>不得干涉。	第三十四条 妇女享有的与男子平等的~~财产~~继承权~~受法律保护~~。~~在同一顺序法定继承人中，不得歧视妇女~~。 丧偶妇女有权处分继承的财产，<u>任何人</u>不得干涉。
第五十九条 **丧偶儿媳**对公婆尽了主要赡养义务的，作为第一顺序继承人，其继承权不受子女代位继承的影响。	第三十五条 丧偶<u>妇女</u>对公~~、~~婆尽了主要赡养义务的，作为~~公、婆的~~第一顺序~~法定~~继承人，其继承权不受子女代位继承的影响。
第七章　婚姻家庭权益	**第七章　婚姻家庭权益**
第六十条 国家保障妇女享有与男子平等的婚姻家庭权利。	第四十三条 国家保障妇女享有与男子平等的婚姻家庭权利。
第六十一条 国家保护妇女的婚姻自主权。禁止干涉妇女的结婚、离婚自由。	第四十四条 国家保护妇女的婚姻自主权。禁止干涉妇女的结婚、离婚自由。

第六十二条 国家鼓励男女双方在结婚登记前，共同进行医学检查或者相关健康体检。	新增条文
第六十三条 婚姻登记机关应当提供婚姻家庭辅导服务，引导当事人建立平等、和睦、文明的婚姻家庭关系。	新增条文
第六十四条 女方在怀孕期间、分娩后一年内或者终止妊娠后六个月内，男方不得提出离婚；但是，女方提出离婚或者人民法院认为确有必要受理男方离婚请求的除外。	第四十五条 女方在怀孕期间、分娩后一年内或者终止妊娠后六个月内，男方不得提出离婚。女方提出离婚的，或者人民法院认为确有必要受理男方离婚请求的，不在此限。
第六十五条 禁止对妇女实施家庭暴力。 县级以上人民政府有关部门、司法机关、社会团体、企业事业单位、基层群众性自治组织以及其他组织，应当在各自的职责范围内预防和制止家庭暴力，依法为受害妇女提供救助。	第四十六条 禁止对妇女实施家庭暴力。 国家采取措施，预防和制止家庭暴力。 公安、民政、司法行政等部门以及城乡基层群众性自治组织、社会团体，应当在各自的职责范围内预防和制止家庭暴力，依法为受害妇女提供救助。
第六十六条 妇女对夫妻共同财产享有与其配偶平等的占有、使用、收益和处分的权利，不受双方收入状况等情形的影响。 对夫妻共同所有的不动产以及可以联名登记的动产，女方有权要求在权属证书上记载其姓名；认为记载的权利人、标的物、权利比例等事项有错误的，有权依	第四十七条第一款 妇女对依照法律规定的夫妻共同财产享有与其配偶平等的占有、使用、收益和处分的权利，不受双方收入状况的影响。

法申请更正登记或者异议登记,有关机构应当按照其申请依法办理相应登记手续。	
第六十七条 离婚诉讼期间,夫妻一方申请查询登记在对方名下财产状况且确因客观原因不能自行收集的,人民法院应当进行调查取证,有关部门和单位应当予以协助。 离婚诉讼期间,夫妻双方均有向人民法院申报全部夫妻共同财产的义务。一方隐藏、转移、变卖、损毁、挥霍夫妻共同财产,或者伪造夫妻共同债务企图侵占另一方财产的,在离婚分割夫妻共同财产时,对该方可以少分或者不分财产。	新增条文
第六十八条 夫妻双方应当共同负担家庭义务,共同照顾家庭生活。 女方因抚育子女、照料老人、协助男方工作等负担较多义务的,有权在离婚时要求男方予以补偿。补偿办法由双方协议确定;协议不成的,可以向人民法院提起诉讼。	第四十七条第二款 ~~夫妻书面约定婚姻关系存续期间所得的财产归各自所有,~~ 女方因抚育子女、照料老人、协助男方工作等承担较多义务的,有权在离婚时要求男方予以补偿。
第六十九条 离婚时,分割夫妻共有的房屋或者处理夫妻同租住的房屋,由双方协议解决;协议不成的,可以向人民法院提起诉讼。	第四十八条 ~~夫妻共有的房屋,~~ 离婚时,分割住房由双方协议解决;协议不成的,~~由人民法院根据双方的具体情况,按照照顾子女和女方权益的原则判决。夫妻双方另有约定的除外。~~

	~~夫妻共同租用的房屋，离婚时，女方的住房应当按照照顾子女和女方权益的原则解决。~~
第七十条　父母双方对未成年子女有平等的监护权。 　　父亲死亡、<u>无监护能力</u>或者有其他情形不能担任未成年子女的监护人的，母亲的监护权任何<u>组织和个人</u>不得干涉。	第四十九条　父母双方对未成年子女享有平等的监护权。 　　父亲死亡、<u>丧失行为能力</u>或者有其他情形不能担任未成年子女的监护人的，母亲的监护权任何人不得干涉。
第七十一条　女方丧失生育能力的，<u>在离婚</u>处理子女抚养问题<u>时</u>，<u>应当在</u>最<u>有利于未成年子女</u>的条件下，<u>优先考虑女方的抚养要求</u>。	第五十条　~~离婚时，~~女方~~因实施绝育手术或者其他原因~~丧失生育能力的，处理子女抚养问题，应在有利子女<u>权益</u>的条件下，<u>照顾女方的合理要求</u>。
第八章　救济措施	
第七十二条　**对侵害妇女合法权益的行为，任何组织和个人都有权予以劝阻、制止或者向有关部门提出控告或者检举。有关部门接到控告或者检举后，应当依法及时处理，并为控告人、检举人保密。** 　　妇女的合法权益受到侵害的，有权要求有关部门依法处理，或者依法申请**调解**、仲裁，或者向人民法院起诉。 　　对**符合条件**的妇女，当地法律援助机构或者**司法机关**应当给予帮助，依法为其提供法律援助或者司法救助。	第五十二条　妇女的合法权益受到侵害的，有权要求有关部门依法处理，或者依法~~向仲裁机构~~申请仲裁，或者向人民法院起诉。 　　对<u>有经济困难需要法律援助或者司法救助</u>的妇女，当地法律援助机构或者<u>人民法院</u>应当给予帮助，依法为其提供法律援助或者司法救助。

第七十三条 妇女的合法权益受到侵害的，可以向**妇女联合会等妇女组织**求助。**妇女联合会等妇女组织**应当维护被侵害妇女的合法权益，有权要求并协助有关部门或者单位查处。有关部门或者单位应当依法查处，并予以答复；**不予处理或者处理不当的，县级以上人民政府负责妇女儿童工作的机构、妇女联合会可以向其提出督促处理意见，必要时可以提请同级人民政府开展督查。** 受害妇女进行诉讼需要帮助的，妇女联合会应当给予支持和帮助。	第五十三条 妇女的合法权益受到侵害的，可以向妇女组织投诉，妇女组织应当维护被侵害妇女的合法权益，有权要求并协助有关部门或者单位查处。有关部门或者单位应当依法查处，并予以答复。 第五十四条 ~~妇女组织对于~~受害妇女进行诉讼需要帮助的，应当给予支持。 ~~妇女联合会或者相关妇女组织对侵害特定妇女群体利益的行为，可以通过大众传播媒介揭露、批评，并有权要求有关部门依法查处。~~
第七十四条 用人单位侵害妇女劳动和社会保障权益的，人力资源和社会保障部门可以联合工会、妇女联合会约谈用人单位，依法进行监督并要求其限期纠正。	新增条文
第七十五条 妇女在农村集体经济组织成员身份确认等方面权益受到侵害的，可以申请乡镇人民政府等进行协调，或者向人民法院起诉。 乡镇人民政府应当对村民自治章程、村规民约，村民会议、村民代表会议的决定以及其他涉及村民利益事项的决定进行指导，对其中违反法律、法规和国家政策规定，侵害妇女合法权益的内容责令改正；受侵害妇女向农村	第五十五条 ~~违反本法规定，以妇女未婚、结婚、离婚、丧偶等为由，侵害妇女在农村集体经济组织中的各项权益的，或者因结婚男方到女方住所落户，侵害男方和子女享有与所在地农村集体经济组织成员平等权益的，由乡镇人民政府~~依法调解；~~受害人也可以依法~~向农村土地承包仲裁机构申请仲裁，或者向人民法院起诉，人民法院应当依法受理。

土地承包仲裁机构申请仲裁或者向人民法院起诉的，农村土地承包仲裁机构或者人民法院应当依法受理。	
第七十六条　县级以上人民政府应当开通全国统一的妇女权益保护服务热线，及时受理、移送有关侵害妇女合法权益的投诉、举报；有关部门或者单位接到投诉、举报后，应当及时予以处置。 　　鼓励和支持群团组织、企业事业单位、社会组织和个人参与建设妇女权益保护服务热线，提供妇女权益保护方面的咨询、帮助。	新增条文
第七十七条　侵害妇女合法权益，导致社会公共利益受损的，检察机关可以发出检察建议；有下列情形之一的，检察机关可以依法提起公益诉讼： 　　（一）确认农村妇女集体经济组织成员身份时侵害妇女权益或者侵害妇女享有的农村土地承包和集体收益、土地征收征用补偿分配权益和宅基地使用权益； 　　（二）侵害妇女平等就业权益； 　　（三）相关单位未采取合理措施预防和制止性骚扰； 　　（四）通过大众传播媒介或者其他方式贬低损害妇女人格； 　　（五）其他严重侵害妇女权益的情形。	新增条文

148

第七十八条 国家机关、社会团体、企业事业单位对侵害妇女权益的行为，可以支持受侵害的妇女向人民法院起诉。	*新增条文*
第九章 法律责任	**第八章 法律责任**
第七十九条 违反本法第二十二条第二款规定，未履行报告义务的，依法对直接负责的主管人员和其他直接责任人员给予处分。	*新增条文*
第八十条 违反本法规定，对妇女实施性骚扰的，由公安机关给予批评教育或者出具告诫书，并由所在单位依法给予处分。 学校、用人单位违反本法规定，未采取必要措施预防和制止性骚扰，造成妇女权益受到侵害或者社会影响恶劣的，由上级机关或者主管部门责令改正；拒不改正或者情节严重的，依法对直接负责的主管人员和其他直接责任人员给予处分。	第五十八条 违反本法规定，对妇女实施性骚扰~~或者家庭暴力，构成违反治安管理行为的，受害人可以提请公安机关对违法行为人依法给予行政处罚，也可以依法向人民法院提起民事诉讼。~~
第八十一条 违反本法第二十六条规定，未履行报告等义务的，依法给予警告、责令停业整顿或者吊销营业执照、吊销相关许可证，并处一万元以上五万元以下罚款。	*新增条文*
第八十二条 违反本法规定，通过大众传播媒介或者其他方式贬低损害妇女人格的，由公安、	第五十九条 违反本法规定，通过大众传播媒介或者其他方式贬低损害妇女人格的，由<u>文化</u>、

网信、文化旅游、广播电视、新闻出版或者其他有关部门依据各自的职权责令改正，并依法给予行政处罚。	广播电视、电影、新闻出版或者其他有关部门依据各自的职权责令改正，并依法给予行政处罚。
第八十三条 用人单位违反本法第四十三条和第四十八条规定的，由人力资源和社会保障部门责令改正；拒不改正或者情节严重的，处一万元以上五万元以下罚款。	*新增条文*
第八十四条 违反本法规定，对侵害妇女权益的申诉、控告、检举，推诿、拖延、压制不予查处，或者对提出申诉、控告、检举的人进行打击报复的，**依法责令改正，并**对直接负责的主管人员和其他直接责任人员给予处分。 国家机关及其工作人员未依法履行职责，对侵害妇女权益的行为未及时制止或者未给予受害妇女必要帮助，造成严重后果的，**依法**对直接负责的主管人员和其他直接责任人员给予处分。 违反本法规定，侵害妇女<u>人身和</u>**人格权益**、文化教育权益、劳动和社会保障权益、财产权益以及婚姻家庭权益的，**依法责令改正**，直接负责的主管人员和其他直接责任人员属于国家工作人员的，**依法给予处分**。	第五十七条 违反本法规定，对侵害妇女权益的申诉、控告、检举，推诿、拖延、压制不予查处，或者对提出申诉、控告、检举的人进行打击报复的，~~由其所在单位、主管部门或者上级机关~~责令改正，并~~依法~~对直接负责的主管人员和其他直接责任人员给予~~行政~~处分。 国家机关及其工作人员未依法履行职责，对侵害妇女权益的行为未及时制止或者未给予受害妇女必要帮助，造成严重后果的，~~由其所在单位或者上级机关依法~~对直接负责的主管人员和其他直接责任人员给予~~行政~~处分。 违反本法规定，侵害妇女文化教育权益、劳动和社会保障权益、<u>人身和</u>财产权益以及婚姻家庭权益的，~~由其所在单位、主管部门或者上级机关责令改正，直~~

	接负责的主管人员和其他直接责任人员属于国家工作人员的，~~由其所在单位或者上级机关依法~~给予~~行政~~处分。
第八十五条　违反本法规定，侵害妇女的合法权益，其他法律、法规规定行政处罚的，从其规定；造成财产损失或者**人身**损害的，依法承担民事责任；构成犯罪的，依法追究刑事责任。	第五十六条　违反本法规定，侵害妇女的合法权益，其他法律、法规规定行政处罚的，从其规定；造成财产损失或者~~其他~~损害的，依法承担民事责任；构成犯罪的，依法追究刑事责任。
第十章　附　　则	**第九章　附　　则**
第八十六条　本法自 2023 年 1 月 1 日起施行。	第六十一条　本法自 1992 年 10 月 1 日起施行。

ISBN 978-7-5216-2996-5

定 价：15.00元

图书在版编目（CIP）数据

妇女权益保障法实用问答/中国法制出版社编 . —
北京：中国法制出版社，2023.3
ISBN 978-7-5216-2996-5

Ⅰ.①妇… Ⅱ.①中… Ⅲ.①妇女权益保障法–中国
–问题解答 Ⅳ.①D922.75

中国版本图书馆 CIP 数据核字（2022）第 193753 号

责任编辑：欧　丹　　　　　　　　　　封面设计：蒋　怡

妇女权益保障法实用问答
FUNÜ QUANYI BAOZHANG FA SHIYONG WENDA

经销/新华书店
印刷/三河市国英印务有限公司
开本/850 毫米×1168 毫米　32 开　　　　　印张/ 5　字数/ 101 千
版次/2023 年 3 月第 1 版　　　　　　　　2023 年 3 月第 1 次印刷

中国法制出版社出版
书号 ISBN 978-7-5216-2996-5　　　　　　　定价：15.00 元

北京市西城区西便门西里甲 16 号西便门办公区
邮政编码：100053　　　　　　　　　　传真：010-63141600
网址：http：//www.zgfzs.com　　编辑部电话：010-63141675
市场营销部电话：010-63141612　　印务部电话：010-63141606

（如有印装质量问题，请与本社印务部联系。）